나라 위해 목숨 바친

안동 선비
열 사람

나라 위해 목숨 바친 **안동 선비 열 사람**

초 판 제1쇄 인쇄 2010. 9. 30.
초 판 제1쇄 발행 2010. 10. 5.

지은이 김희곤
펴낸이 김경희

경 영 강숙자
편 집 신유진
디자인 이영규
영 업 문영준
관 리 강신규
경 리 김양헌

펴낸곳 (주)지식산업사
본사 ● 413 - 832, 경기도 파주시 교하읍 문발리 520 - 12
전화 (031) 955 - 4226~7 팩스 (031)955 - 4228
서울사무소 ● 110 - 040, 서울시 종로구 통의동 35 - 18
전화 (02)734 - 1978 팩스 (02)720 - 7900
한글문패 지식산업사
영문문패 www.jisik.co.kr
전자우편 jsp@jisik.co.kr
등록번호 1 - 363
등록날짜 1969. 5. 8.

책값은 뒤표지에 있습니다.

ISBN 978 - 89 - 423 - 1140 - 8 04990
ISBN 978 - 89 - 423 - 0056 - 3 (세트)

이 책을 읽고 저자에게 문의하고자 하는 이는
지식산업사 전자우편으로 연락바랍니다.

안동독립운동기념관 인물총서 3

나라 위해 목숨 바친

안동 선비 열 사람

김희곤 지음

지식산업사

들어가며

겨레의 자존심을 지켜낸 안동 선비들을 찾아

나라를 잃었던 백 년 전, 의리를 택하여 순국한 인물이 줄을 이었다. 이들의 죽음을 자정순국(自靖殉國)이라 부른다. 왜적의 백성이 되는 일은 결코 받아들일 수 없었다. "삶을 포기하는 한이 있어도 의리를 택하는 것이 성현의 가르침이니, 오호라 우리 동포여 힘써 나아갈 때가 지금이 아닌가?" 안동 하계마을 출신 이중언이 남긴 말이다. '앞서서 가나니 산 자여 따르라'는, 〈임을 위한 행진곡〉의 노랫말을 떠올리게 하는 장엄한 구절이다. 안동 하계마을 출신 이만도가 앞장서고, 이중언을 비롯한 안동문화권 유림들이 그 뒤를 따랐다.

나라가 무너질 때, 가장 많은 순국자가 나온 곳이 경북이다. 전국에서 나라 위해 목숨 바친 인물이 90명가량인데, 경북 출신이 18명이고 그 가운데서도 안동문화권 사람이 14명이나 된다. 이는 대의명분과 의리정신이 강한 퇴계학맥의 특성을 고스란히 보여주는 숫자다.

그런데 나라가 망한 책임은 누구에게 있고, 정작 죽어야 할 사람은 누구인가? 나라가 망했으면, 책임질 사람이 책임져야 한다. 그들이 죽음으로써 민족 앞에 사죄해야 한다. 그런데 실제로 죽음을 택한 사람은 망국의 허물이 없는 사람들이다. 침략에 맞서 싸웠고, 겨레에게 결코 꺾이지 말라면서 숨져간 그들은, 어디를 보아도 죽을 만한 책임이 없는 인물이다. 나라 팔아먹은 매국노들은 부귀영화를 누렸는데, 이와 반대로 의병장 출신 이만도는 패망의 책임을 통절히 느낀다면서 24일 동안의 단식 끝에 숨져갔다. 처단되어야 할 사람은 영화를 누리고, 책임 없는 사람은 죽음을 택한 것이다.

떼강도라는 말이 있다. 강도가 떼거리로 몰려들면, 웬만한 덩치나 주먹으로도 막아내기 힘들다. 거대한 땅을 가진 중국이 열강이란 떼강도 앞에 흐물흐물 무너졌다. 아무도 상상하지 못하던 일이 눈앞에서 벌어진 것이다. 더욱 기가 막히는 것은, 중국에 기대어 안보를 소홀히 여기던 작은 이웃 나라, 조선의 운명이다. 조선 후기 내내 북벌론을 내걸면서도, 실제로는 청나라 안보 우산 아래 세도정치라는 장기독점정권이 이이졌다. 이 때문에 독자적인 국방능력은 없는 것이나 마찬가지였다. 그렇게 믿고 의지하던 청나라가 갑자기 무너지니 안보 우산은 날아가 버리고, 그 떼강도 앞에 발가벗고 선 꼴이 되었다.

서유럽 열강들이 집적거리고 치고받으며 싸우는 동안, 대한제국은 골병들고 무너져갔다. 더러는 의병으로 맞서 싸우고, 사람을 키우고 자본을 만들어 홀로서기를 시도하였다. 또한 '시스템'을 바꾸어 체질을 고치려고 애썼고, 또 왕 대신 황제가 다스리는 나라를 만들어 위상을 세운다고 나섰다. 하나의 강도에게 일방적으로 당할 수는 없으니, 뛰어든 강도들의 품을 오가며 경쟁도 시켜보았다. 하지만 떼도적들은 몇 번의 멱살잡이 끝에 이해관계를 정리하고, 일제라는 야수가 독차지하는 것으로 마무리 지어졌다.

대한제국은 그렇게 망했고, 피눈물로 쓰는 저항의 역사는 더욱 혹심한 단계로 접어들었다. 5천 년 역사 전통이, 그 자존심이 하루아침에 무너졌다. 하지만 우리 겨레가 그렇게 쉽게 무너지고 사라질 리는 없었다. 일제의 침략이 부당하고, 결코 그것을 받아들일 수 없다는 것을 증명한 것이 바로 자정순국이었다. 힘이 모자라 잠시 나라를 잃었지만, 뜻마저 굽힐 수는 없다는 것이었다. 그 자존심이 바로 나라를 되살려 세우는 출발점이자 원동력이다. 매국노가 길거리에 내다버린 민족의 자존심을 되살려 세운 사람, 그들이 바로 자정순국자들이다.

자정순국을 택한 안동 사람들의 이야기를 펴낸다. 국치(國恥)를 당한 그 날로부터 꼭 백 년을 맞는 이 때, 안동독립운동기념관은 그들의 뜻을 기리고자 이 주제를 택하였다. 자료 정리를 도와준 강윤정 학예연구실장과 한준호 학예연구원의 도움이 있었음을 밝혀둔다. 또 거듭 출판을 맡아주신 김경희 사장님께 감사드리며, 편집부 여러분께도 고마운 인사를 드린다.

2010년 10월

안동독립운동기념관에서

김희곤

차 례

1

나라를 위해 선택한 마지막 길

자정순국(自靖殉國)이란 말이 있다. 이는 나라를 위해 스스로 목숨을 끊는다는 말이다. 여기에는 두 가지 뜻이 담겨 있다. 나라를 위한 선택이 그 하나요, 다른 하나는 스스로 목숨을 끊는다는 것이다. 나라를 위한 다른 길은 없을까? 나라가 무너질 때, 유림들이 대응하고 나선 길은 세 가지였다.

> 첫째, 외침에 맞서 싸워 오랑캐를 쓸어낸다(擧義掃淸).
>
> 둘째, 적절한 곳을 찾아 유교적 규범을 보존한다(去之守舊 또는 浮海去守).
>
> 셋째, 스스로 목숨을 끊는다(致命遂志 또는 致命自靖).

첫째 길은 침략 세력에 맞서 싸우는 것이니, 그러자면 마땅히 의병을 일으키고 침략 세력과 전쟁을 벌이게 된다. 1894년 갑오의병, 1895년 을미년과 이듬해로 이어진 전기(前期) 의병, 1904년부터 다시 일어난 중기 의병, 1907년 이후의 후기 의병이 그것이다. 위정척사를 지켜 나가던 유림들이 이 대열을 끌고 갔다. 처음에 유림들이 앞에 서고, 군인과 포수, 농민들이 그 뒤를 따라 주역으로 성장했다.

둘째 길은 유교의 도통(道統)을 지키고, 그것을 보존하는 것이다. 본거지를 떠나 산 속이나 섬으로 옮겨, 오로지 도통을 이어가는 데만 목표를 둔다. 비록 나라가 무너지더라도 도(道)만은 이어갈 수 있다는 판단 때문이다. 계룡산으로 들어가거나 외딴 섬에 터를 잡은 선비들이 그들이다.

셋째 길은 오랑캐가 지배하는 틀, 도덕, 가치체계 속에 들어가는 것 자체를 부정하는 것이다. 오랑캐의 규범이 강요되는 틀 속에서는 하루도 함께 숨 쉴 수 없으며, 어떤 일이 있어도 오랑캐의 지배를 인정할 수 없고, 땅과 몸은 빼앗길 수 있어도 정신과 마음만은 결코 그럴 수 없다는 생각이 확고하게 자리 잡고 있다.

여기에서 이야기를 펼칠 주제는 세 번째인 자정순국의 길이다. 이 길을 택한 사람은 대개 양반 유림이 많지만, 자세히 들여다보면 신분이 다양하다는 사실을 알 수 있다. 신분도 그렇고 직업도 그렇다. 주어진 직책과 위상에 따라 상당한 책임감을 느낀 직위 높은 관직자가 있는가 하면, 오로지 남편의 순절에 함께 따라 나선 부녀자도 있었다. 이들은 자신의 뜻과 다른 세상에서는 결코 함께 숨 쉬며 살 수 없다는 결연한 뜻을 보였다. 거기에는 이 뜻만이 아니라, 동포들에게 기죽지 않고 맞서 싸울 것을 요구하는 가르침까지도 들어 있다. 비록 자신은 삶을 등지지만, 동포들에게는 결코 타협하지 말고 싸우라고 일깨운 것이다.

나라가 망하던 무렵, 전국에서 목숨을 끊은 순절자는 대개 90명 정도 된다. 거기에는 외국인도 있고, 출신지를 알 수 없거나 이름도 모르는 경우도 있다. 이름과 출신을 확실하게 알 수 있는 인물은 대개 70명 정도다. 그 가운데서도 행적이 밝혀져 독립유공자로 포상된 인물은 61명이다.

국모가 시해당한 을미사변과 단발령이 내려진 1895년, 화서학파 이봉환의 단식 순절이 최초의 자정순국이었다. 이 시기에 순절보다는 의병을 일으키고 그에 참가하는 것이 대세였다. 전국에서 일어난 유생들은 의병을 조직하고 외세에 대항해 전투를 벌였다. 그리고 의병항쟁이 한계에 부딪친 뒤, 뒷날 순국의 길을 택한 유림이 많다. 자정순국자 가운데 의병 경력을 가진 사람들이 단연 많은 이유가 거기에 있다.

본격적인 순국은 1905년 외교권을 빼앗기면서 비롯되었다. 위협하여 강제로 맺어졌다고 하여 늑약(勒約)이나 협약(脅約)이라 이름 붙이지만, 실제 조약으로 성립하지 않았다는 주장이 더 설득력을 가진다. 일본에게 외교권을 빼앗겼다는 소식이 전해지자, 민영환이 배를 갈라 자살하고, 이어 16명이나 되는 인물들이 그와 같은 길을 택하였다. 그 가운데는 의정대신 조병세와, 영의정 홍순목의 아들로 여주목사를 지낸 홍만식이 있고, 민영환을 따르던 이름 모를 인력거꾼도 있었다. 또 1907년 광무황제 고종이 강제로 폐위되고 대한제국 군내가 해산당할 때, 시위대 제1대대장 박승환을 비롯하여 7명의 순국자가 나왔다. 이 무렵 순절하지 않은 유림 가운데 대표적인 인물들은 대개 상소를 올렸다. 을사오적을 참수하라는 주장이 그 핵심이다. 전국에서 유림들이 한꺼번에 일어나 을사오적의 목을 베라고 요구했다. 덕수궁 앞에 엎드려 상소를 올리는 무리들이 줄을 이었다.

가장 많은 순국자가 생긴 때는 1910년 8월, 나라를 잃은 바로 다음이었다. 곳곳에서 음식을 끊고 독약을 마셔 순국하는 사람들이 줄을 이었다. 1910년에 38명이 순국했는데, 예안의 병상 출신 이민도와 금산군수를 지낸 홍범식이 이에 속한다. 그 뒤로 3·1운동이 일어나기까지 1910년대에 전국 곳곳에서 순국이 이어졌다. 1916년 순국한 대종교 창시자 나철이 여기에 속하는 인물이다. 그러다가 1919년 태황제 고종의 독살설과 장례에 맞춰 다시 순국자가 나왔다. 또 1921년 봄에는 고종의 대상에 맞춰 순국한 인물들도 있었는데, 안동 출신으로 계룡산을 거쳐 대전에 머물다가 순국한 이명우와 그의 처 권성이 대표적이다.

자정순국은 그저 살기 싫어 세상을 버린 것이 아니다. 내려누르는 집권세력의 부당함을 지적하고, 이를 부정하는 저항행위다. 여기에는 아무리 짓눌러도 결코 꺾이지도 않을 것이고, 무릎 꿇지도 않겠다는 의기(義氣)가 번득인다. 비록 일제가 힘으로 밀어붙이고 지배하더라도 이것은 어디까지나 강제일 뿐, 내 뜻으로는 결코 받아들이지 않겠다는 것이다. 그러니 일제의 침략과 강점은 모두 무효이고, 정당성도 없다는 것을 말해준다. 일제가 힘으로 짓밟고 끌고 가더라도, 그것이 정당성에서나 도덕성에 비추어 보아 전혀 정당하지 않았다는 증거가 바로 이들의 선택이다. 때문에 그들의 선택은 바로 겨레의 자존심이라 할 수 있다.

순국을 영어로 번역하려 하면 적당한 표현을 찾기 힘들다. 자칫하면 자살이 되고 만다. 정서가 다르니 단어도 꼭 들어맞는 것을 찾기 힘들다. 억지로 찾아보면 martyrdom라는 단어가 비슷한 편이다. 이 말은 순교를 표현할 때 흔히 쓰인다. 이 때문에 자정순국이 종교적인 성격을 갖는지 질문하는 경우가 있는데, 실제로 유교적인 성향을 지닌다. 순국자의 의식은 대부분 유교적인 인식에 바탕을 두고 있다. 이 길을 택한 인물들은 대개 유학적 도리가 중요하며, 그 효용성이 지극함을 확실하게 믿었다. 유교라는 것이 절대적인 진리를 갖춘 사상체계이며, 이는 인간 사회에도 유용한 문화적 진리이자 도덕적 덕목이라 생각했다. 때문에 이를 지켜 사회적 삶(사회 구성원들의 생활형태)의 안녕과 질서를 확립한다는 데 그들의 목표가 있었던 것이다. 그러니 이들의 선택은 단순한 자살(suicide)이 아니라 순교(martyrdom)에 더 가까울 것 같다.

유교문화권에서는 선명한 분별과 처신을 요구한다. 따라서 판단은 심판에 해당한다. 선(善)이 분명하므로 심판과 평가가 확연하다. 따라서 이들에 대한 역사적 평가도 선명하다. 나라와 겨레의 자존심을 세우고 떠난 이들의 선택은 그래서 높이 평가되는 것이다.

경북 북부지역, 특히 안동문화권으로 불리는 이 지역의 순국자는 14명으로 확인된다. 이 수치는 단위지역으로 따지면 전국에서 가장 많은 것이다. 그 가운데 안동 출신이 절대 다수를 차지하고 있으며, 봉화와 영양, 영주에 각각 한 사람씩

독립유공자로 포상된 자정순국자

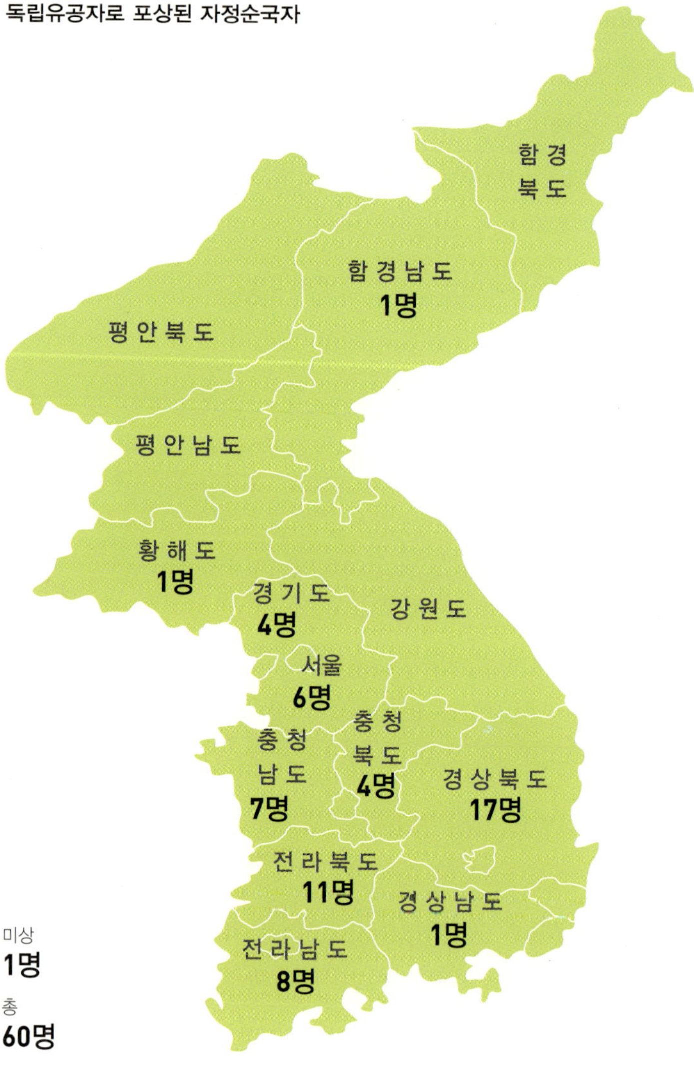

미상
1명

총
60명

전국 자정순국자(독립유공자)

번호	성명	출생~순국일	출신/거주/순국지	주요 경력	순국방법	훈격	비고
1	이봉환 (李鳳煥)	미상~ 1896.1.8.	전북 전주 출신 경기 양주 거주	화서학파	단식 (7일)	63년 애국장	
2	이한응 (李漢應)	1874.9.21.~ 1905.5.12.	경기 용인 출신 영국 런던 순국	주영서리공사	음독	62년 독립장	
3	홍만식 (洪萬植)	1842~ 1905.11.28.	서울 출신 경기 여주 거주	여주목사 이조참판	음독	62년 독립장	홍순목 子
4	민영환 (閔泳煥)	1861.7.2.~ 1905.11.30.	서울 출신	군부대신 시종무관장 참정대신	할복	62년 대한민국장	
5	조병세 (趙秉世)	1827~ 1905.12.1.	경기 가평 출신	이정대신	음독	62년 대한민국장	
6	김봉학 (金奉學)	1871~ 1905.12.2.	황해 황주출신	김하락의진 시위대 상등병	음독	62년 독립장	
7	이상철 (李相哲)	1876~ 1905.12.3.	전남 영암(본적)	학부주사	음독	62년 독립장	
8	송병선 (宋秉璿)	1836.8.~ 1906.1.24.	충남 대전 출신	사헌부 대사헌	음독	62년 독립장	
9	이 설 (李 偰)	1850.1.24.~ 1906.4.29.	충남 홍성 출신	홍주의병 홍문관부수찬	단식	63년 독립장	
10	이건석 (李建奭)	1852.11.25.~ 1906.5.10.	경북 김천 출신 일본헌병사령부	주사	단식 (14일, 감옥)	63년 독립장	
11	이규응 (李奎應)	1862.2.25.~ 1907.7.23.	서울 출신	중추원 의관	음독	63년 애국장	
12	박승환 (朴昇煥)	1869.9.7.~ 1907.8.1.	서울 출신	육군 참령	권총자살	62년 대통령장	
13	김순흠 (金舜欽)	1840.12.15.~ 1908.9.28.(양)	경북 안동 출신 경북 예천 순국	이병합쟁	단식 (23일)	77년 애국장	
14	송도순 (宋道淳)	미상~ 1910	미상	대한제국 참판	자결	95년 애족장	

15	류병우 (柳秉禹)	1849.9.24. ~ 1910.1.5.	전북 정읍 출신	의병항쟁	단식 (5일, 감옥)	80년 애국장	
16	박도경 (朴道京)	1874.3.23. ~ 1910.2.8.	전북 고창 출신 전북 전주 순국	의병장	자결 (감옥)	68년 독립장	
17	반하경 (潘夏慶)	미상~ 1910.8.	경기 파주 순국		할복	62년 독립장	
18	김천술 (金天述)	미상~ 1910.8.	전북 태인 출신		자결	63년 애국장	
19	정동식 (鄭東植)	1850.3.4. ~ 1910.8.	전북 전주 출신 전북 전주 순국	훈련원 첨정	목 매어 자결	62년 독립장	
20	송완명 (宋完命)	미상~ 1910.8.	전남 태인 출신		자결	95년 애족장	
21	송주면 (宋宙勉)	1856.7.26. ~ 1910.8.15.	전남 화순 출신	중추원 의관	연못 투신	77년 독립장	
22	박병하 (朴炳夏)	1847.12.28. ~ 1910.8.27.	전남 광양 출신		단식 (8일)	95년 애족장	전우 문인
23	박세화 (朴世和)	1834~ 1910.8.28.	함남 고원 출신 충북 음성 순국	의병항쟁	단식 (23일)	62년 독립장	
24	홍범식 (洪範植)	1871.7.23. ~ 1910.8.29.	충북 괴산 출신 충남 금산 순국	금산군수	자결	62년 독립장	
25	정재건 (鄭在健)	1843.5.20. ~ 1910.9.4.	전남 곡성 출신	사헌부 지평	자결	63년 애국장	
26	김석진 (金奭鎭)	1847.1.2. ~ 1910.9.8.	서울 출신	돈녕부 판사	음독	62년 독립장	
27	황 현 (黃 玹)	1855.12.11. ~ 1910.9.10.	전남 광양 출신	생원	음독	62년 독립장	매천야록 저자
28	백인수 (白麟洙)	1856.7.16. ~ 1910.9.15.	전북 고창 출신	중추원 의관	칼로 자결	77년 애국장	
29	이근주 (李根周)	1860~ 1910.9.23.	충남 홍성출신	의병항쟁	부친 묘소에서 자결	63년 애국장	
30	오강표 (吳剛杓)	1848~ 1910.10.	충남 공주 출신 충남 공주 순국		자결	62년 독립장	임헌회 문인

31	권용히 (權龍河)	1847 ~ 1910.10.9.(양)	경북 안동 출신 경북 의성 순국	감찰	자해	95년 애국장	
32	이만도 (李晩燾)	1842.1.28. ~ 1910.10.10.(양)	경북 안동 출신 경북 안동 순국	공조참의 의병장	단식 (24일)	62년 독립장	
33	이면주 (李冕宙)	1827 ~ 1910.10.19.(양)	경북 봉화 출신 경북 봉화 순국	종정원경	음독	62년 독립장	
34	조장하 (趙章夏)	1848.6.22. ~ 1910.10.27.	충북 청원 출신		단식	77년 애국장	임헌회 문인
35	이중언 (李中彦)	1850.2.12. ~ 1910.11.5.(양)	경북 안동 출신 경북 안동 순국	정언 의병항쟁	단식 (27일)	62년 독립장	
36	이현섭 (李鉉燮)	1884.10.26. ~ 1910.11.26.(양)	경북 군위 출신 경북 안동 순국	진사	단식 (21일)	62년 독립장	
37	류도발 (柳道發)	1832.6.28. ~ 1910.11.27.(양)	경북 안동 출신 경북 의성 순국		단식 (17일)	62년 독립장	류신영 父
38	장태수 (張泰秀)	1841.12.24. ~ 1910.11.27.	전북 김제 출신 전북 김제 순국	병조참의 시종원부경	단식 (24일)	62년 독립장	
39	이학순 (李學純)	1843 ~ 1910.12.7.	전북 완산 출생 충남 논산 순국		음독 (감옥)	62년 독립장	
40	김근배 (金根培)	1847.9.15. ~ 1910.12.13.	전북 이리 출신	성균관 박사	우물 투신	80년 애국장	
41	장기석 (張基奭)	1867.11.22. ~ 1911.1.5.	경북 성주 출신 대구형무소 순국		단식 (27일, 감옥)	77년 애국장	
42	이범진 (李範晋)	1852.9.3. ~ 1911.1.13.	서울 출신 러시아 순국	법부대신 주러공사	권총자살	63년 애국장	
43	최우순 (崔宇淳)	미상 ~ 1911.3.18.	경남 고성 출신	의병항쟁	음독	77년 애국장	
44	김지수 (金志洙)	1845.12.14. ~ 1911.4.17.	충남 논산 출신	중추원 의관	자결 (칼)	63년 애국장	
45	김영상 (金永相)	1836.3.18. ~ 1911.5.9.	전북 정읍 출신 군산감옥 순국	대인의병	단식 (9일, 감옥)	63년 애국장	
46	이재윤 (李載允)	1849.4.25. ~ 1911.7.13.	경기 양주 출신 경기 남양주 순국	우승지 의병장	목 매어 자결	77년 독립장	최익현 문인

47	송병순 (宋秉珣)	1839.4.10.~ 1912.2.4.	충남 대전 출신		음독	77년 독립장	송병선 弟
48	이승칠 (李承七)	1850.4.8.~ 1912.6.26.	충남 보은 출신 충남 보은 순국	사헌부 감찰	자결 (투신)	90년 애족장	
49	김상태 (金尙台)	1864~ 1912.7.28.	충북 단양 출신	의병장	단식 (13일, 감옥)	63년 독립장	
50	김도현 (金道鉉)	1852.7.14.~ 1914.12.23.(양)	경북 영양 출신 경북 영덕 순국	의병장	자결 (도해)	62년 독립장	
51	김성진 (金聲振)	1857.11.29.~ 1915.2.21.	경북 영주 출신	혜민원 주사	자결	95년 애족장	
52	최세윤 (崔世允)	1867.11.10.~ 1916.8.9.	경북 홍해 출신 경성형무소 순국	의병장	단식 (감옥)	68년 독립장	
53	나 철 (羅 喆)	1863.12.2.~ 1916.9.12.	전남 보성 출신 황해 구월산 순국	징세서장 대종교 창시	자결	62년 독립장	
54	김제환 (金濟煥)	1867.10.20.~ 1916.10.5.	충북 청원 출신		단식	77년 애국장	
55	박무조 (朴武祚)	1859.2.29.~ 1917.7.20.	경북 군위 출신 경북 영일 순국		바다 투신	90년 애족장	
56	유병헌 (劉秉憲)	1842.11.29.~ 1918.7.2.	경북 칠곡 출신		단식 (8일, 감옥)	77년 애국장	
57	김용구 (金容球)	1861.11.1.~ 1918.12.21.	전남 영광 출신	의병장	음독	68년 독립장	기우만 문인
58	황 석 (黃 奭)	1848.6.12.~ 1919.1.8.	전북 남원 출신	참봉 의병항쟁	자결	02년 애국장	
59	류신영 (柳臣榮)	1853.6.17.~ 1919.3.3.(양)	경북 안동 출신 충북 보은 순국		음독	68년 애국장	류도발 子
60	이명우 (李命羽)	1872.1.5.~ 1921.1.28.(양)	경북 안동 출신 충남 대전 순국	진사	음독	2010년 애국장	부인 權姓 음독
61	이현구 (李賢求)	1862~ 1940.8.6.(양)	경북 안동 출신 경북 영주 순국		단식 (36일)	95년 애족장	창씨개명 거부

이 있다. 안동문화권이 전국에서 가장 많은 순국자를 배출한 곳임을 알 수 있다. 1908년에 세상을 떠난 김순흠이 가장 앞서고, 이만도를 비롯한 다수는 1910년 나라를 잃은 직후에 그 길을 갔다. 또 광무황제 고종의 죽음과 탈상에 맞춘 순절도 있었다. 마지막으로 1940년에 창씨개명을 거부하여 순국한 인물도 나왔다.

경북 출신 순국자는 18명이 확인된다. 그 가운데 안동문화권으로 부를 수 있는 경북 북부지역에서 13명이 나왔다. 여기에 1940년 창씨개명을 거부하여 자결한 사람까지 포함하면 14명이다. 이들 자정순국자는 대부분 양반 계급 출신이었다. 문과에 급제하여 관직을 거친 인물이 4명이고, 하급관리 1명, 진사가 3명이다. 순국 방법은 단식이 절반을 차지하고, 다음이 음독이었다.

부모님이 주신 몸을 해치지 않으려는 생각에서 단식을 많이 선택했지만, 그것은 참으로 고통스러운 과정이었다. 단식 기간은 대개 20일이 넘었다. 가장 짧은 날이 17일이고, 긴 날이 27일이었다. 1940년에 창씨개명을 거부하여 단식 순절한 인물도 있는데, 특별하게 36일이나 단식하여 순절하였다. 음식을 끊는 것은 힘든 일이다. 견뎌야 하는 본인도 그렇지만, 그 여러 날 동안 곁에서 지켜보는 가족들도 힘겹고 안타까운

안동문화권의 자정순국자

이름 (본관)	출신지	순국지	경력	방법	출생	순국일	단식·순국일 (기간)	포상
김순흠 (풍산)	안동 풍산 수리	예천 감천 진평	관직 의병	단식	1840	1908. 9. 28.	9.6.~9. 28.(23)	1977 애국장
이만도 (진성)	안동 도산 하계	안동 예안 청구	공조참의 의병	단식	1842	1910. 10. 10.	9.17.~10.10.(24)	1962 독립장
권용하 (안동)	안동 와룡	의성 신평 월소	감찰	자해	1847	1910. 10. 9.		1995 애국장
이면주 (전주)	봉화 법전 내곡	봉화 법전 내곡	종정원경	음독	1827	1910. 10. 19.		1962 독립장
이중언 (진성)	안동 도산 하계	안동 도산 하계	정언 의병	단식	1850	1910. 11. 5.	10.10.~ 11.5.(27)	1962 독립장
이현섭 (연안)	군위 효령 중구	안동 도산 양평	진사	단식	1844	1910. 11. 26.	11.6.~26.(21)	1962 독립장
류도발 (하회)	안동 풍천 하회	의성 신평 덕암		단식	1832	1910. 11. 27.	11.11.~ 27.(17)	1962 독립장
김택진 (안동)	안동 풍산 소산	안동 풍산 소산	진사	단식	1854	1910. 11. 28.	11.8.~28.(21)	
김도현 (김녕)	영양 청기 상청	영덕 영해 관어대	의병 계몽	도해 (蹈海)	1852	1914. 12. 23.	동짓날	1962 독립장
김성진	영주 이산 석포	영주 이산 석포	혜민원 주사		1857	1915. 2. 21.		1995 애족장
류신영 (하회)	안동 풍천 하회	보은 장안 봉비	의병	음독	1853	1919. 3. 3.		1968 애국장
이명우 (진성)	안동 예안 부포	대전 유성 송정	진사	음독	1872	1921. 1. 28.	광무황제 탈상일	2010 애국장
권성 (안동)	봉화 유곡	대전 유성 송정	이명우 아내	음독	1868	1921. 1. 28.	광무황제 탈상일	
이현구 (진성)	안동 예안 교동	영주 안정 생현		단식	1862	1940. 8. 6.	창씨개명 거부	1995 애족장

시간들을 보내야 했다. 마지막 인사를 드리러 오는 손님들을 접대해야 하고, 그러면서도 자신들은 밥을 먹고 살아야 했다. 어른은 굶고 있어도, 이를 돌보는 가족들은 눈물과 한숨을 섞어가며 억지로 음식을 끼니마다 삼켜야만 했다. 제대로 넘어갈 리도 없고, 제대로 소화될 리도 없는 날들이 그렇게 지나갔던 것이다. 순국할 당시 나이는 대부분 60대 전후였다.

2

순국의 서막을 연 김순흠

김순흠(金舜欽, 1840~1908)의 본관은 풍산으로, 그의 집안은 안동시 풍산읍 오미리에 대를 이어 살아왔다. 그가 태어난 곳은 오미리에서 풍산들 동쪽 건너편인 풍산읍 수리(水里, 수동)이고, 순국한 곳은 예천군(醴泉郡) 감천면(甘泉面) 진평(眞坪)이다. 김중관(金重瓘)의 아들인 그는 자를 치화(穉華), 호를 죽포(竹圃)로 썼다. 일찍부터 그의 학문이 널리 알려져, 1894년 당시 경상감사 조병호(趙秉鎬)가 여러 차례 벼슬을 하라고 권했으나 거절했다고 전해진다.

그가 항일투쟁에 나선 첫 걸음은 대부분의 유림과 마찬가지로 의병이었다. 1895년 단발령 직후 안동문화권에서 의병이 일어날 때, 그는 이강년의진에 참가했다고 전해진다. 1905년 외교권을 잃었다는 소식이 들리자, 그는 격문을 지어

돌려 민심을 일으키고 의병에 참가하도록 독려했다. 그것이 바로 〈토오적문(討五賊文)〉이다. 다시 의병이 일어나자, 그는 자금을 마련하여 보냈다.

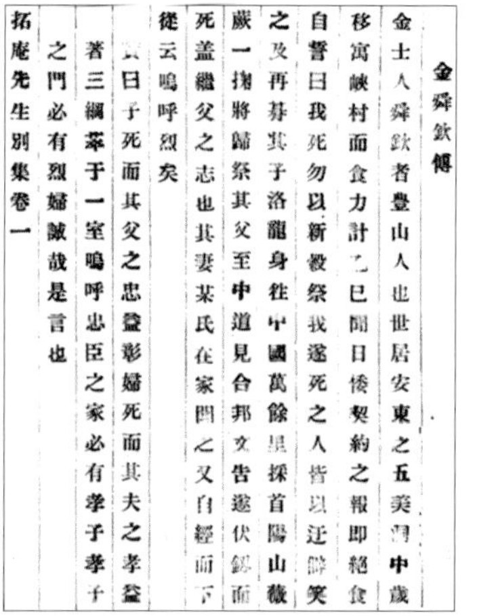

金舜欽傳

金士人舜欽者豊山人也世居安東之五美洞中歲
移寓峽村而食力計乙巳閒日倭契約之報即絕食
自誓曰我死勿以新穀祭我遂死之人皆以迂僻笑
之及再葬其子洛龍身往中國萬餘里採首陽山薇
蕨一掬將歸祭其父至中道見合邦文告遂伏劍而
死蓋繼父之志也其妻某氏在家聞之又自經而下
從云嗚呼烈矣
贊曰子死而其父之忠益彰婦死而其夫之孝益
著三綱萃于一室嗚呼忠臣之家必有孝子孝子
之門必有烈婦誠哉是言也
拓庵先生別集卷一

〈김순흠전〉(《척암선생별집》 수록)

1908년 그는 재무서가 세금을 거두어 일본군에게 납부한다는 사실을 알게 되었다. 끓어오르는 의분은 참고 견딜 수 없는 것이었다. 왜적이 들어와 짓밟아도 별다른 계책이 없으니 가슴만 아프고 답답할 뿐, 5백 년 종사가 망하니 천 년 문화가 땅에 떨어지고 말았다고 한탄했다.

그는 음식을 거부했다. 중화가 무너지고 오랑캐 세상이 되니 비통하기 짝이 없었다. 더구나 온 나라가 모두 왜적에게 돌아간다는 소식을 듣고서는 중국의 노중련(魯仲連)과 백이숙제(伯夷叔齊)를 생각했다. 바다를 밟고 들어가 죽겠다고 외치며 절의를 보이던 노중련이 될지, 아니면 수양산에 들어가 나물만 캐 먹으며 절개를 지키던 백이숙제가 될 것인지 저울질해 보았다. 그리고 마침내 음식 먹기를 그만두기로 마음을

수동과 예천 감천 진평 지도

정했다. 우리 강토가 왜적에게 세금을 바치는 대상이 되었는데, 그런 땅에서 자라나는 곡식과 과실 모두를 인정할 수도 없고, 입에 넣을 수도 없다는 생각 때문이다.

아들과 며느리가 나서서 눈물로 애원했다. 며느리는 묵은 쌀로 밥을 짓고 도라지를 캐서 울며 간곡하게 드시라고 올렸다. "곡식은 왜구 땅이 되기 전에 거둔 것이고, 나물은 왜국에 세금을 내지 않은 새 나물입니다." 이 얼마나 간절한 애원인가. 며느리의 정성을 생각하여, 그는 그저 한 입 대고서, 이

내 물렸다. 그렇게 한 입이라도 대는 것이 절식을 선언하고 줄곧 단식해 온 틀을 깨는 듯이 보이지만, 실제로는 단식을 이어가면서도 며느리의 가슴에 상처를 주지 않으려는 배려에서 나온 일이었다. 며느리의 마지막 정성마저 딱 잘라버리면, 뒷날 그 가슴에 남을 한스러움을 짐작할 수 있기 때문이다. 이어서 그는 후손에게 상례와 제사까지도 지켜야 할 방법을 일러두었다. 다음과 같은 내용이 그의 유계(遺戒)에 담긴 것이다.[1]

> 내가 죽거든 빈소를 차려 곡을 하기는 해도 상식(上食)은 하지마라. 왜놈 천하에서 자란 곡식을 먹을 수 없으니, 왜적을 평정하여 국권을 회복하는 날 올리도록 하라.

단식 23일째를 맞은 1908년 9월 28일, 그의 말은 늘 지낼 때와 크게 다르지 않았고, 정신도 흐트러지지 않았다. 그러다가 갑자기 빠른 속도로 기력이 약해지면서 죽음에 이르렀다. 죽음을 맞이하기 바로 직전에 그는 절명시(絕命詩)를 몇 수 남겼다. 그 가운데 자신의 선택이 오직 정의와 불의를 가리는 데 있음을 말해주는 구절이 보인다.[2]

김순흠 기념비(예천 남산공원)

어찌 남의 시비를 돌아보랴	何顧人非是
다만 무엇이 의인지 불의인지 밝힐 뿐	只明義不義
삶과 죽음을 말하지 말라	無論生與死
뜻에 적합해야 한다는 믿음뿐이니	自信適於志

김순흠, 그는 단식한 지 23일 만인 1908년 9월 28일 순절하였다. 그의 순국은 후기 의병이 치열하게 펼쳐지던 무렵, 안동문화권 자정순국 역사의 첫 장을 연 것이었다. 2년 뒤 나라가 망하자마자 순국 대열이 본격적으로 나타나게 된 배경에 그의 순국이 있었던 것이다. 해방 후 정부는 1963년 건국공로훈장 대통령표창을 드렸고, 제도가 바뀌어 1990년 건국훈장 애국장으로 고쳐 포상했다.

---

1) 宋相燾, 《騎驢隨筆》, 국사편찬위원회, 1955, 159~160쪽.

2) 宋相燾, 《騎驢隨筆》, 국사편찬위원회, 1955, 160~161쪽.

3

순국의 물결을 이끌어 낸 이만도

1) 장원급제와 관직생활

이만도(李晩燾, 1842~1910)의 자는 관필(觀必), 호는 향산(響山)이다. 그가 태어난 곳은 안동시 도산면 하계(下溪)마을이다. 이곳은 퇴계 종가가 있는 상계(上溪)에서 낙동강으로 약간 내려선 곳이자, 퇴계의 묘소를 머리맡에 두고 있는 마을이다. 그는 진성 이씨로 퇴계의 11세손이자, 수찬(修撰)을 지낸 만화공(晩花公) 이세사(李世師)의 현손이다. 증조부는 참봉 구서(龜書), 조부는 응교를 지낸 가순(家淳)이다. 부친은 대사성을 지낸 휘준(彙濬)이다. 둘째 아들로 태어난 그는 막내 숙부인 휘철(彙澈)의 양자가 되었다.

이만도는 문과에 장원급제한 인물이다. 만 24세가 되던 1866년, 곧 병인양요가 일어나던 그 해 창경궁 춘당대(春塘臺)에서

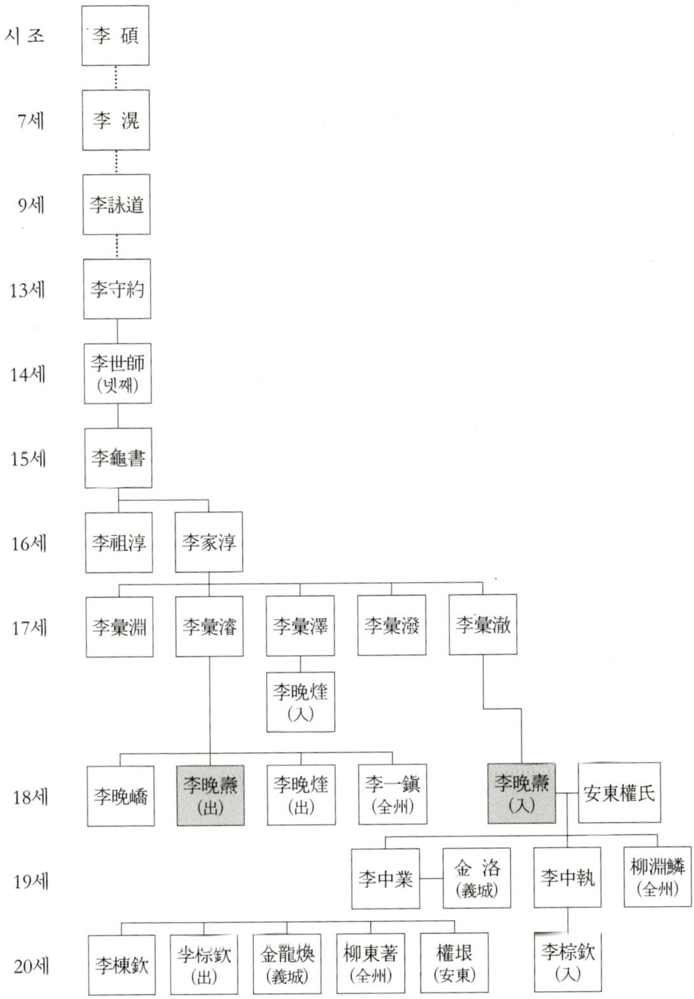
시 조
李 碩
7세
李 滉
9세
李詠道
13세
李守約
14세
李世師
(넷째)
15세
李龜書
16세
李祖淳
李家淳
17세
李彙淵
李彙濬
李彙澤
李彙潑
李彙澈
李晩煃
(入)
18세
李晩嶠
李晩燾
(出)
李晩煃
(出)
李一鎭
(全州)
李晩燾
(入)
安東權氏
19세
李中業
金 洛
(義城)
李中執
柳淵鱗
(全州)
20세
李棟欽
李棕欽
(出)
金龍煥
(義城)
柳東著
(全州)
權垠
(安東)
李棕欽
(入)

이만도 가계도

열린 정시(庭試) 문과에서 7명 급제자 가운데 장원으로 합격한 것이다. 1866년은 마침 부친이 대사성에 오르는 경사스러운 일이 겹친 때이기도 했다. 이만도는 성균관 전적을 시작으로, 병조좌랑·사간원 정언·홍문관 부수찬이 되자마자 경연에 들어가 진강(進講)하였다. 또한 그는 홍문관 부교리에 이어 사헌부 장령과 지평, 병조정랑, 사간원 사간 등을 거쳤는데, 대개 청직(淸職)을 지낸 셈이다.

강화도조약이 맺어진 1876년, 최익현이 개항을 반대하여 올린 상소를 두둔하는 바람에 이만도는 파직당하기도 했다. 얼마 뒤 복직된 그는 사헌부 집의, 성균관 사성, 홍문관 응교, 장악원정(掌樂院正)과 양산군수를 지냈다. 그가 양산군수를 지낼 때는 세금 징수가 너그럽고 어려운 사람을 도와 살게 하는 일에 힘써 칭송이 높았다. 다시 상경한 그는 홍문관 수찬(修撰)에 이어 1882년 당상관인 통정대부로 공조참의에 올랐다.

1882년 한미수호조약으로 나라가 혼란해지자, 그는 4월에 고향으로 돌아왔다. 그 해 6월 임오군란이 일어난 뒤 다시 공조참의와 승정원 동부승지(同副承旨)에 임명되었으나 부임하지 않았고, 이듬해에도 두 번이나 동부승지에 임명되었으나 사양하였다. 1884년 갑신정변이 일어나자, 그는 벼슬길을 아예 마음속에서 도려내 버리곤 고향에 백동서당(柏洞書堂)을 짓고 후학을 가르치며 학문에 몰두하였다. 백동서당 계첩(契帖)에 적힌 제자가 209명이나 되는 것으로 보아, 상당히 많은 문도(門徒)를 두었다는 것을 알 수 있다.

2) 예안 선성의병 대장이 되다

이만도가 처음 의병에 관심을 둔 때는 1894년 갑오년이다. 그 해 6월 21일 일본군이 경복궁을 점령하여 왕비 살해를 기도하고 왕권을 농락하는 사건이 터졌다. 이틀 뒤에 일본군은 청군을 기습하여 청일전쟁을 일으켰고, 나라 안은 이로 말미암아 온통 벌집을 쑤셔 놓은 듯 혼란하기 그지없었다. 7월 14일 이만도는 서상철(徐相轍)이 보낸 통문을 받았다. 그것은 서상철이 7월 2일 안동 일대에 의병 궐기를 호소하는 격문인 〈호서충의서상철포고문(湖西忠義徐相轍布告文)〉이라 생각된다. 그 요지는 7월 25일에 안동부의 향교 명륜당에 모여 적의 무리를 토벌하는 날짜를 약속해 달라는 것이었다.[1] 더욱이 7월 20일 서상철은 직접 예안향교를 방문하고 이만도에게 거병할 것을 주문했다.[2]

이만도는 서상철을 만나고, 그 느낌을 다음과 같이 적었다.

> 서상철이 본읍(예안) 향교에 왔다. 언사가 바르고 의로움

> 이 굳건했다. 그러나 군사 모으라는 왕명이 없이 선비 스스로 거의하니 조정에 죄를 얻을까 두렵다(1894.7.20.).[3]

이만도는 서상철의 주장이 옳다고 인정하면서도 왕의 공식 명령이 없이 군사를 모집한다는 데 주저할 수밖에 없었다. 사태가 어떻게 돌아가는지, 또는 왕의 뜻이 어디에 있는지 확인할 길이 없었기 때문이다. 그러는 사이에 서상철은 안동에서 의병을 일으키는 데 성공하였다. 비록 7월 25일 안동향교에 거사하기로 했던 계획이 안동부사의 저지로 실패하였지만, 서상철은 계속 군사를 모집하여 결국 8월 초 안동 일대에서 2,000여 명의 대규모 의진을 결성할 수 있었던 것이다.[4]

서상철은 일본군의 병참부대가 있던 상주 함창의 태봉을 공격 목표로 삼았다. 태봉은 대구와 충주를 잇는 주요 병참선 위에 자리 잡고 있었다. 대구에서 낙동을 거쳐 태봉에 이르고, 다시 문경새재를 넘어 수안보를 거치면 바로 충주로, 또 남한강을 따라 서울로 이어지는 병참선상의 주요 거점이었다. 9월 1일 전투가 벌어졌지만 의병은 패했고, 서상철은 청풍 방면으로 후퇴하였다. 그 뒤 제천·청풍 일대의 전투와 9월 20일 전투에서 크게 패하고 의진은 소멸되었다.

태봉전투가 벌어지던 9월, 이만도 앞에 왕의 밀령이 전달되었다. 왕은 가까운 신하들을 삼남지방에 보내 의병 봉기를 촉구하였는데, 그들 가운데 소모관 이용호(李容鎬)가 그를 찾은 것이다. 이제는 망설일 필요가 없어 앞으로 나서려는데, 이용호가 일본군에 붙잡히는 바람에 뜻을 중단할 수밖에 없었다.

1895년 을미사변 소식이 들려왔다. 그는 앞서 의병을 일으켜 복수하지 못했음 안타깝게 여겼다. 이제 1년 이상 밖으로 나오지 않겠다고 선언하고서 광덕(廣德)으로 들어갔다. 그러나 그를 다시 불러내는 일이 생겼다. 단발령 소식이 그것이다.

1895년 11월 15일, 단발령이 내렸다. 바로 눈앞에서 난국이 벌어진 것이다. 동시에 이틀 뒤부터 양력이 사용되기 시작했다. 건양(建陽) 원년이라는 연호가 사용되고, 정부가 태양력을 공식적으로 사용하게 되었다.

단발령이 예안에 도착한 날은 1896년 1월 11일(음 1895.11.27.)이었다. 한성에서 단발령이 시행된 지 2주일쯤 지난 뒤였다. 단발령이 삼남지방에서 시행에 들어간 때가 대개 명령이 내린 뒤 열흘 남짓 지난 무렵이었으니 단발령 소식과 시행이 거의 같은 때 시작된 것이다. 안동과 예안 일대 여러 곳에서 통문이 동시에 터져 나왔다. 하루 이틀 사이이긴 하지만, 가장 예안통문이 앞섰다.

안동문화권 전기 의병 관련 통문

1. 예안(禮安)통문 : 1895년 11월 29일(양 1896.1.13.)

2. 삼계(三溪)통문 : 1895년 12월 1일(양 1896.1.15.)

3. 청경(靑鏡)통문 : 1895년 12월 1일(양 1896.1.15.)

4. 청경(靑鏡)사통 : 1895년 12월 1일(양 1896.1.15.)

5. 호계(虎溪)통문 : 1895년 12월 2일(양 1896.1.16.)

6. 안동의병대장격문 : 1895년 12월 7일(양 1896.1.21.)

예안통문에는 모두 223명이 서명했다. 그런데 서명자 전체 명단은 알려지지 않고, 다만 주역 7명 명단만 알려졌다. 예안 유생 이만응(李晩鷹)·금봉렬(琴鳳烈, 또는 琴鳳逑)·목사 이만윤(李晩胤)·진사 김수현(金壽鉉)·교리 이만효(李晩孝)·승지 이중두(李中斗)·승지 이중봉(李中鳳) 등이 그들이다.[5] 여기에서 이만도의 이름을 확인할 수는 없지만, 전체 명단 223명 가운데 그의 이름은 분명히 들어 있을 것이라 생각된다. 인물의 구성이나 위상으로 봐서도 그렇다. 7명 가운데 금봉렬과 김수현을 제외하면 모두 진성 이씨이다. 이만응은 상계파로서 영남만인소 소수였던 이만손(李晩孫)의 생가 동생이고, 이만효도 상계 출신이다. 또 이만윤은 의인 출신, 이중두는 상계 출신이다. 이중봉은 온혜마을 안쪽에 있던 용계 출신으로,[6] 1차 선성의

향산고택(옛날 사진, 위), 향산고택 현재(아래), 안동 시내 안막동에 옮겨져 있다.

하계마을

진 부장이자 2차 선성의진의 대장이 된 이중린(李中麟)의 동생이다.

이만도는 곧 의병을 일으켰다. 이번에는 머뭇거릴 틈도 없을 만큼 다급했다. 그의 나이 만 54세가 되던 때였다. 동생 이만규도, 아들 이중업도 함께 나섰다. 선성의진이 결성된 날은 1896년 1월 23일(음 1895.12.9.)이라 판단된다. 이중린의 둘째 사위 김정섭(金鼎燮)이 남긴 일기인 《일록(日錄)》은 음력 12월 9일자에 이만도가 예안 의병대장으로, 장인이 부장으로 각각 취임한 사실을 알려주고 있다.[7] 이는 안동의진이 결성된 지 엿새 지난 시점으로, 주변 지역에 견주면 매우 빠른 거병이었다. 이는 그가 한 해 앞서 거병하지 못했음을 자책하면서 얼마나 서둘렀는지를 헤아리게 만든다.

선성의진의 편제 전체를 정확하게 알려주는 자료는 없다. 다만 대장과 부장, 그리고 유격장 정도를 알 수 있다. 우선 김도현의 1월 29일(음 12.15.) 글에서 잠깐 확인된다.

> 대상 양산령(梁山令) 이만도(李晩燾), 부장 용계(龍溪) 이중린(李中麟)이 위의(威儀)가 정숙하고 언론(言論)이 준절(峻節)하다.[8]

또 온혜 삼백당(三栢堂) 출신 원여(元汝) 이인화(李仁和)가 유격장(遊擊將)을 맡은 사실도 확인된다. 선성의진이 결성되던 날, 온혜에 도착한 김도현이 이런 기록을 남겼다.

> 온혜로 돌아와 숙소를 삼백당에 정했으니, 여기는 유격장 원여 이인화의 큰 집이다. 주인의 나이는 어리나 총명하고 민첩했다.[9]

이만도가 대장을 맡고, 온혜 출신 이중린과 이인화가 각각 부장과 유격장을 맡았다. 곧 선성의진은 진성 이씨가 핵심을 이룬 의병부대였다. 하지만 선성의진을 구성하자마자, 안동의진이 관군과 맞서 싸우다가 크게 패했다는 소식이 전해져 그들에게 큰 충격을 주었다. 안동은 예안에 비해 큰 곳이고, 의병의 규모도 대단했다. 그런 안동의진이 패했다는 소식은 예안의진 병사들에게 충격을 주기에 충분했다. 이에 이만도는 1월 31일(음 12.17.) 병사들을 점검하고 병사들의 동요를 막으려 애썼다.[10] 하지만 병사들은 곳곳으로 흩어지고 말아[11] 결성 9일 만인 2월 1일(음 12.18.), 선성의진은 사실상 해체되고 말았다.[12] 이만도는 대장 자리에서 물러났다.

그러나 예안 선성의진은 이것으로 마무리된 것이 아니었다. 뒤이어 이를 계승하는 노력이 나타났다.

> 어떤 사람이 전하기를, '선성으로 흩어졌던 사람들이 청량산으로 모여들었는데, 그곳에서는 상장군(上將軍) 이중린(李中麟)이 바야흐로 큰일을 도모하여 다시 의거를 일으키려 한다'고 하였다.[13]

> 근일의 소식을 탐문하니 예안대장(이만도)은 그 때에 의병

> 진을 파하고 그대로 간 곳을 알지 못한다. 부장(副將) 장인어른(이중린)은 지난 25일 쯤에 토지 몇 경(頃)을 팔아서 청량산 속으로 들어가 포병 수백을 모집하여 위세가 크게 떨치는데 장차 본부로 향하려 하고, 영천(영주)은 지금 이어 일어난다고 한다.[14]

첫째 자료는 이만도가 대장이던 선성의진이 곧장 해산되기보다는 흩어져 새로운 길을 모색하였음을 알려준다. 둘째 자료에는 이중린이 2월 8일(음 12.25.) 토지를 팔아서 청량산 속으로 들어간 사실과, 2월 20일(음 1.8.)의 소식에 따르면 예안대장(이만도)이 이 때 의진을 해산하여 더 이상 거처를 알 수 없게 되었다는 사실이 기록되어 있다.[15] 여기에서 이만도가 다시 산 속으로 들어가 은거했다는 것을 알 수 있다.

3) 을사오적을 목 베라고 상소하다

1905년 박제순-하야시 억지합의(을사조약)가 있었다는 소문이 들려오자 이만도는 상소를 올렸다. 다리에 종기가 생겨 움직이기 힘든 터라, 그는 아들 중업(中業)을 시켜 이에 항거하는 상소를 한성으로 보냈다. 왜적을 물리치기에 앞서 먼저 오적(五賊)을 목 베라는 것이 핵심이었다.

그는 종사가 위태로운데 몸이 폐인이 되어 움직일 수 없어 피맺히는 울분을 봉서(封書)에 담아 올린다고 적었다. 이어서 지금의 화가 오랜 평화로 말미암아 풍속이 약해져 일본의 개항 요구를 받아들인 탓도 있지만, 오적이 일본과 내통했기 때문이라고 보았다. 또한 을미년 변란에 대한 복수의 계책은 제대로 세우지도 않고 오적이 5조의 계약을 맺어 임금을 협박하고 조약을 체결케 했으니 참을 수 없는 일이라고 힘주어 말했다.[16]

그의 상소문에서 무엇보다 주목되는 점은 외교권을 빼앗겼기 때문에 나라가 없어지리라고 인식한 것이다. 이만도는 "외부(外部)를 동경(東京)으로 옮긴다는 한 가지 조항만을 보더라도, 우리는 천하에서 하나의 나라라고 할 수 없고, 토지와 인민과 재부(財富)가 다 저들의 곁다리가 될 것"이라고 지적하였다.[17] 또한 통감부 설치에 대해서도 크게 우려했는데, 이만도는 통감부가 설치됨에 따라 황실은 말할 것도 없고 나라가 송두리째 없어질 것이라고 보았다.

그는 만국공법에 물어서라도 협박에서 나온 조약을 폐지하여야 한다고 주장하였다. 여기에서 이만도의 생각에 변화가 있음을 확인할 수 있다. 지금까지 서양 세력을 물리쳐야 할 사(邪)로 규정하고 금수로 여겼던 그가 이제는 만국공법에 기대서라도 일제의 침략을 막아내고 조약을 폐기해야 한다고 주장

한 것이다. 여기에서 그의 절박하던 심정도 느끼게 된다.[18]

4) 청구동에서 단식순국하다

상소를 올린 뒤 이만도는 일월산 서북쪽 산촌으로 들어갔다. 모암(某岩)·명동(明洞)·고림(高林) 등을 거쳐 궁벽한 곳에 자리 잡은 채 바깥사람과 만나지 않았고, 남루한 옷으로 지내며 산나물로 목숨을 이어가면서 스스로를 죄인이라 일컬었다. 더욱이 아버지의 묘소가 있는 재산에 자주 머물며 그 앞에 엎드려 죄인으로서 근신생활을 하였다.[19] 1907년에는 융희황제가 즉위하면서 그에게 가선대부(종2품)를, 1910년에는 자헌대부(정2품)를 내렸으나 응답하지 않았다.

1910년 결국 나라가 망했다. 이만도에게 이 소식을 알려준 이는 가까이 지내던 서파(西坡) 류필영(柳必永)이다. 그 날이 9월 4일(음 8.1.)이니, 국치를 당한 지 엿새 뒤였다. 고림이라는 깊은 골짜기까지 그 소식이 전해졌으니, 이 무렵에는 온 나라에 다 알려졌을 것이다. 예견했던 일이지만, 막상 눈앞에 닥치니 비감하기 짝이 없었다. 그는 날마다 증조부 묘소에 나아가 통곡하기를 그치지 않았다. 그가 운명한 그 순간까지 큰집 주손인 강호를 비롯한 후손들이 매일 곁에서 기록한 《청구일기(靑邱日記)》는 여기에서 시작한다.

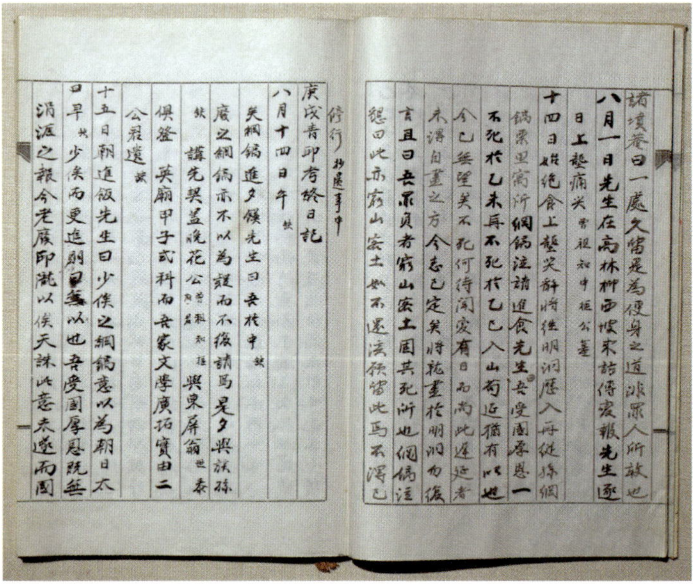

《청구일기》(한국국학진흥원 소장)

9월 17일(음 8.14.), 이만도는 음식을 끊으며 이렇게 말했다.

내가 나라에 두터운 은혜를 받았는데도 을미년 변란에 죽지 못하고, 다시 을사년 5조약 체결에도 죽지 못하고 산에 들어가 구차하게 연명한 것에는 그래도 이유가 있었다. 지금 이미 아무것도 기대할 만한 것이 없어졌는데, 죽지 않고 무엇을 바라겠느냐? 변란이 있었다는 소식을 들은 지 며칠이

> 지났는데도 아직 지체하고 목숨을 이어나가고 있는 것은 자진할 방도를 찾지 못한 때문이다. 지금 뜻이 정해졌으니, 명동에 가서 생을 다할 참이다. 다시는 여기에 대하여 말하지 말라.

그는 죄인이므로 궁벽한 산과 객지가 본디 죽을 곳이라고 말했다. 그러자 큰집 주손인 강호가 “이곳 또한 궁벽한 객지이니 댁으로 돌아가시지 않으신다면 이곳에서 머무르십시오”라고 말씀드렸다. 이만도는 그 말을 받아들여 청구동 율리(栗里) 만화공(晩花公) 종가를 마지막 거처로 삼기로 작정하였다.

9월 18일(음 8.15.) 아침식사를 거절했다. 강호가 울며 아뢰었지만, 뜻이 이미 정해졌으니, 다시 말하지 말라고 엄하게 타일렀고, 또 남에게 알리지 못하게 당부했다. 하지만 강호는 이만도의 아들 중업에게는 알려야 했기에 이튿날 그 소식이 중업에게 알려졌다. 20일(음 8.17.) 동생 만규가 도착하여 통곡했다. 형님을 따라 죽겠다는 동생의 말에 그는 “집안 내력을 잇고 가문을 일으키는 것이 자네 책임이다”라며 꾸짖었다. 동생과 막 도착한 아들 중업, 집안사람들이 그를 따라 모두 굶기 시작했다. 어른의 단식을 막아보려는 계산에서 나온 것이다. 이만도는 모두에게 음식 먹기를 여러 번 권했으나 그들이 말을 듣지 않자, 바로 자결하려고 나섰다. 이에 모두들 엎드려 사죄하고, 눈물로 음식을 먹었다.

소식이 조금씩 알려지면서 방문자들이 늘어났다. 손자와 외손자가 도착하고, 가까이 지내던 동학들이 찾아왔다. 이만도는 큰손자 동흠(棟欽)에게 장부가 뜻을 세움에 쇠기둥 같아야 한다고 일렀다. 그러면서 한 가지 옛 이야기를 들려주었다. 그가 만 14세 되던 1856년, 부친 휘준이 과거에 급제하던 날 다짐한 이야기였다.

> 나는 오직 입신하는 것과 공부하는 것이 선조를 따를 수 없을까봐 두려워, 왼쪽 엄지손가락을 굽히고 마음으로 '나에게 대업이 이루어지지 않게 된다면 이 손가락은 다시는 펴지 않을 것이다'라고 다짐했다. 그 뒤 1866년에 이르러 선조의 음덕으로 문과에 급제하고서야 비로소 손가락을 펴게 되었다.

10년 동안 엄지손가락을 펴지 않았던 이만도였다. 얼마나 대단한 신념이며 행동인가! 그러면서 그는 손자에게 자신이 뜻을 세웠던 일을 본받아 시간을 허비하지 말라고 당부하였다. 사랑하는 맏손자에게 앞으로 살아갈 길을 가르친 것이다.

9월 23일(음 8.20.) 며느리가 와서 뵙고 눈물로 인사드렸다.

의성 김씨 내앞마을 백하 김대락의 막내 여동생인 김락(金洛)이다. 그는 거듭 음식을 권하는 며느리에게 그저 물 한 잔을 가져오라 하여 마셨다. 이것은 며느리를 애틋하게 생각하는 마음을 드러낸 것으로서, 뒷날 며느리가 '물 한 잔도 올리지 못했다'는 자책감에 시달리지 않게 하려는 뜻이었다. 김순흠이 며느리 마음을 헤아려 음식 한 입 먹는 시늉을 했던 것이나 마찬가지다. 이 날 그는 장례를 검소하고 간략하게 치르라고 여러 번 일렀다. 9월 24일(음 8.21.) 손자며느리 최씨에게도 물 한 잔 가져오라고 명하여 마시고, 살아갈 길을 가르쳤다.

단식 9일째 되던 9월 25일, 군수 이경선(李敬善), 일본인 아타 나카이치(阿多中一), 순사 권대균(權大均)이 와서 그를 회유하기 시작했다. 그러자 이만도는 온전히 돌아갈 수 있도록 해달라고 답했다. 순사 권대균이 나서서 단식을 그만두라고 말하자, 그는 엄하게 꾸짖어 내쳤다. 일본인이 칼을 풀어 놓고 모자를 벗은 뒤 엎드려 음식 들기를 권하자, "나라가 이미 망한데다가 몸 또한 병들어 이제 죽음을 구하고 있다. 그런데 내가 먹고 안 먹는 것이 외국인에게 무슨 상관인가?"라고 되물어 내쳤다.

9월 26일(음 8.23.) 금용하와 김도현이 방문해 인사드렸다. 그리고 이만도는 이날 집안 손자인 국호에게 구학, 곧 옛 학문인 성리학을 지키라고 당부했다.

> 근년에 마을의 수재들이 하릴없이 세월만 보내고 있는데, 이것은 실로 작은 근심거리가 아니다. 새 학문을 배우는 중이라고 해도 옛 학문의 영향을 모두 없앨 수는 없다. 너는 그들을 잘 이끌어 집안에 내려오는 분위기를 적막하게 하지 말거라.

이는 1907년 내앞마을에 협동학교가 들어선 뒤 팽창하는 구국계몽운동을 염두에 둔 말이다. 계몽교육과 그 사조에 대해 불편한 심기를 드러낸 장면이다.

이 날은 손님이 많아 빈자리가 없을 지경이었다. 백 명이 넘는 방문객이 밀려들었기 때문이다. 이 날 이후로도 늘 방문객으로 넘쳐났지만, 그도 이제 기력이 떨어져 사람마다 맞아 인사하기조차 힘들게 되었다.

9월 27일(음 8.24.) 그는 새로운 것을 부탁했다. 자신이 죽은 뒤 '순국'이란 말을 쓰지 말라는 것이었다. 하지만 김대락과 권상익은 반대 의견을 내놓았다. 또 이틀 뒤에는 '선생'이란 말도 쓰지 말라고 당부했다. 만약 제문에 그러한 말이 들어 있으면 삭제하고 읽으라고 단단히 일렀다. 자신은 그런 위치에 오르지 못했다는 이유에서 나온 당부였다. 그는 또 초하루 보름에 올리는 삭망전(朔望奠)을 올리지 말라고 말했다. 종묘에서도 삭망제를 폐한 지 이미 오래이니, 자신에게도 그것을 올리지 말라는 것이다.

10월 3일(음 9.1.) 단식한 지 17일이나 되었지만, 이만도의 정신과 기색은 크게 상하지 않았다. 그러자 그는 "내가 때때로 냉수를 마셨더니, 물기가 장부를 적셔 죽지 않은 것 같구나"라고 말하고는 이 날부터 물 마시는 것마저 그만 두었다. 이튿날, 제문을 받으면 꼭 점검하여 '선생' 두 글자를 고치라고 거듭 일렀다.

10월 7일(음 9.5.) 단식 21일째 되던 날, 경찰이 와서 가족들을 위협했다. 예안주재소 일본인 경찰 한 사람, 수비병과 순검 각각 3명이 찾아왔다. 그들은 "정신이 있을 때 권해도 먹지 않았다니, 지금 정신이 없다면 모시는 사람들이 왜 음식을 올리지 않는가. 속히 미음을 가져오라. 내가 당장 강제로 음식을 먹여야겠다"라고 나섰다. 이 무렵 이만도는 며칠 전부터 기운과 호흡이 미약하고 말이 입으로 나오지 않을 만큼 기력이 다한 상태였다. 그런데 놀라운 일이 벌어졌다. 일제 경찰의 협박소리에 그가 갑자기 큰 소리로 꾸짖기 시작한 것이다.

단식순절한 청구동(예안면) 향산공원에 유허비가 서있다.

"나는 명대로 자진하고자 하거늘, 지금 너희들은 나를 빨리 죽이고 싶은가? 내 빨리 죽고 싶으니 즉시 총포로 나를 죽여라" 창문을 열고 가슴을 내보이면서 계속해서 크게 소리를 질렀다. "나는 당당한 조선의 정2품 관리다. 어떤 놈이 나를 설득한다는 것이고, 어떤 놈이 감히 나를 위협하는 것이냐. 너는 어떤 놈이냐. 너는 어떤 놈이냐?

10월 8일(음 9.6.) 이제 그의 기력이 다했다. 더 이상 말이 입 밖으로 한 마디도 나오지 않았다. 그리고 이틀 뒤 10월 10일(음 9.8.), 그는 세상을 떠났다. 단식 24일째 되던 날, 장렬하게 순국한 것이다.

이만도는 전통적인 의리를 무겁게 여겼다. 그 가운데서도

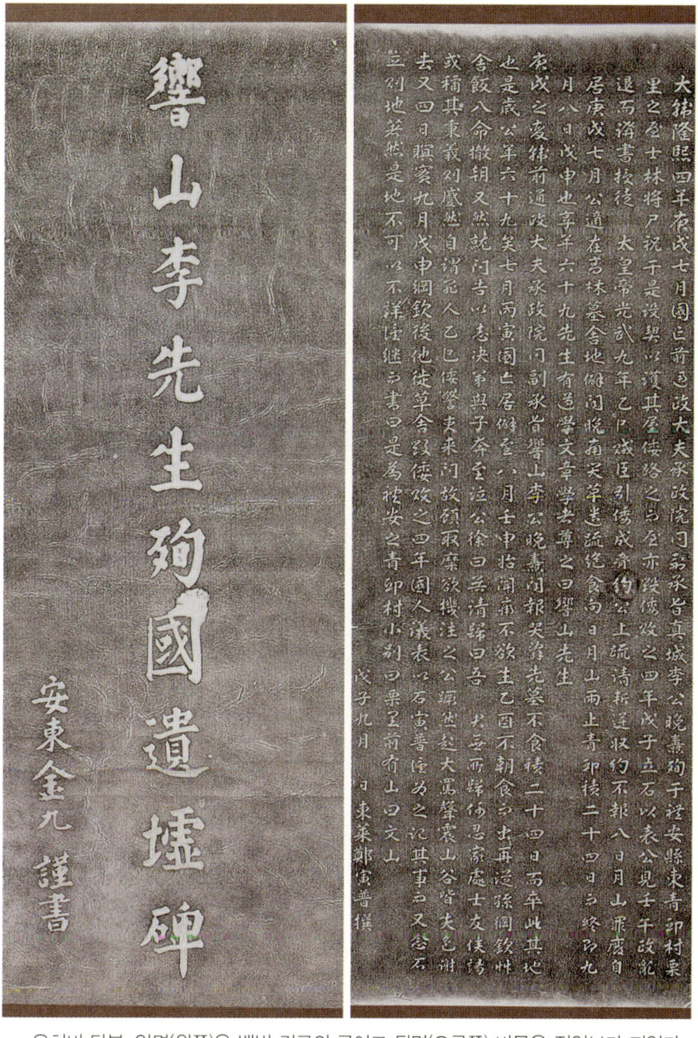

유허비 탁본. 앞면(왼쪽)은 백범 김구의 글이고 뒷면(오른쪽) 비문은 정인보가 지었다.

가장 중요한 것은 바로 군왕에 대한 의리를 지키는 것이었다. 그가 살았던 시대에 국가와 군왕이 위기에 처해 있었고, 따라서 이만도에게 가장 높은 덕목은 곧 군왕을 지키는 것으로 인식된 것이다. 의병을 일으킨 것이나, 나라가 무너짐에 자정순국을 택한 것도 이 때문이다. 그는 유소(遺疏)에서 죽음을 선택한 이유 세 가지를 밝혔다. 30년 전부터 벌어진 사태를 목숨 걸고 막지 못한 것, 을사년에 신하로서 구실을 다하지 못한 것, 경술국치를 막지 못한 것이 그 세 가지다. 이것은 군왕을 지키지 못한 이유들이자, 그가 죽음을 선택한 이유였다. 이로써 그는 군왕에 대한 의리 지키기를 확실하게 보여주었다.

이러한 그의 선택은 유학적 도리가 갖는 효용성을 절대적으로 믿은 데서 나온 것이다. 이를 주자학 근본주의라고 표현하기도 한다. 유학이 절대적 진리를 갖춘 사상체계임을 확신하고, 그 절대적 진리가 자연세계에 속해 결국 인간 사회에도 유용하다고 보았다. 이를 문화적 진리로 받아들이고, 도덕적 덕목으로 바꾸어 구현하면 사회적인 안녕과 질서가 보장된다. 이러한 사상을 굳게 믿은 이만도였다. 그런데 일제 침략으로 말미암아 그 규범이 무너진 것이다. 그런 마당에 그가 택할 수 있던 마지막 길은 바로 순국이었다. 단순히 자결

하계마을독립운동기적비(하계마을이 있던 터를 내려다보는 곳에 세워졌다)

(suicide)이 아니라 순교(martyrdom)의 뜻까지 담겨 있다는 이유가 여기에 있다.

이만도의 죽음은 우리에게 많은 가르침을 준다. 이만도는 나라가 무너진 뒤, 그 자신이 책임을 느꼈다. 나라를 팔아먹고, 일제에 앞장서서 겨레를 짓밟아도 부끄러운 줄도 모르는 인물이 즐비한 마당에, 이만도는 책임과 의무를 다하려 마음을 다졌다. 이것은 나라의 체면이요, 겨레의 자존심이다. 죽음을 선택하는 일은 오랑캐 나라의 백성 되기를 거부하는 것이자, 한 임금의 신하임을 다짐하고 의리를 지키는 것이다. 그는 의로움을 택하고, 그 뜻을 하나씩 가르치면서 갔다. 그 교훈은 큰 울림으로 남기 마련이다.

5) 항일투쟁에 나선 후손들

이만도의 순국은 후손들에게 등대와 같았다. 곧 삶의 거대한 규범이자 지켜갈 길이었다. 그들이 걸어간 걸음을 보면 이를 알 수 있다. 동생 만규는 의병에 참가하고, 파리장서에 서명하였다. 아들 중업은 아버지를 따라 의병에 참전하고, 아버지를 여읜 뒤 1910년대에 항일투쟁을 벌였다. 1914년 안동과 봉화 장날에 붙였다는 〈당교격문(唐橋檄文)〉은 그 가운데 하나다. 더욱이 그는 파리장서를 만들어낸 첫 발의자 가운데 한 사람이다. 그를 비롯하여 김창숙(金昌淑)·김정호(金丁鎬)·성태영(成泰英)·류준근(柳濬根) 등이 바로 그 주역이다. 그는 또 강원도를 비롯한 경북지역을 맡아 서명을 받으러 다녔다. 더욱이 1921년 중국 쑨원(孫文)과 우페이푸(吳佩孚)에게 독립청원

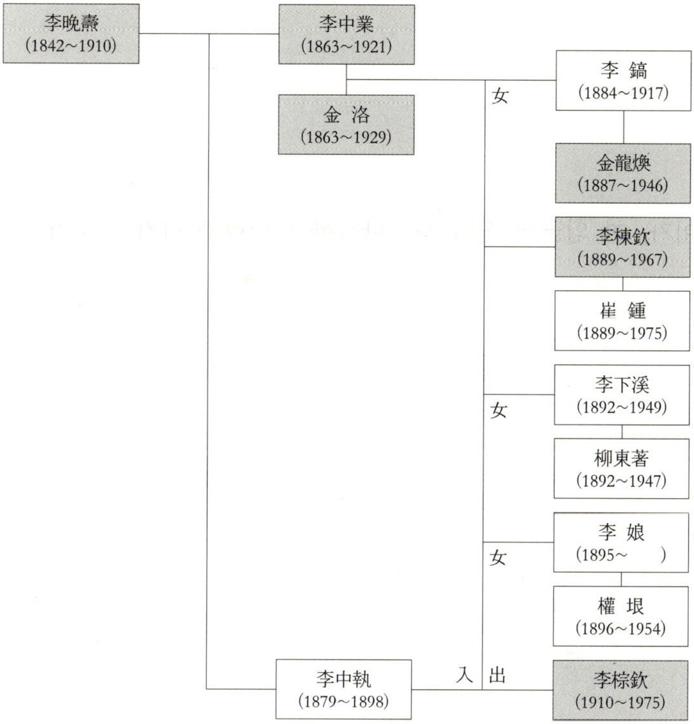

이만도 후손 가계도

서를 직접 전달하려고 시도했지만 출발 직전이던 1921년 6월 갑자기 세상을 떠남에 따라 그 뜻을 이루지 못했다. 아들 중업은 한 순간도 쉬지 않고 항일투쟁을 벌인 인물이었다.

며느리 김락의 항일투쟁은 눈길을 끌기에 충분하다. 시어

른의 순국, 남편의 항일투쟁, 게다가 두 아들과 두 사위의 독립운동을 지켜본 안주인이다. 그것만이 아니다. 그 자신이 직접 독립운동에 나서서 1919년 예안 3·1운동에 앞장섰다. 젊은 날 독립운동가 3대를 지켜온 그가, 이제 시위물결을 앞장서 걸어 간 것이다. 그러다가 결국 수비대에 끌려가 고문을 받은 끝에 두 눈을 모두 잃었다. 이 장면은 조선총독부 경북경찰부(현 경북지방경찰청에 해당)가 고등계 형사를 위한 지침서로 제작한 《고등경찰요사(高等警察要史)》에서 확인된다.

> 안동의 양반 고 이중업의 처(김락-필자 주)는 다이쇼 18년(1919) 소요 당시 수비대에 끌려가 취조 받은 결과 실명하였고, 이후 11년 동안 고생한 끝에 쇼와 4년(1929) 2월에 사망했다. 그래서 밤낮 적개심을 버릴 수 없다고 아들 이동흠이 고백하고 있다.[20]

이런 정황 아래에서 손자들도 마찬가지 길을 걸었다. 이만도가 단식하면서 손자의 손을 잡고 가르친 것이 무엇이었던가? 철주(鐵柱), 곧 쇠기둥 같은 신념이었다. 그렇게 가르침을 받은 손자들이니 그 저항의지는 결코 꺾일 리가 없었다.

두 손자는 1910년대에 20대 청년 독립운동가로 성장하였

不逞運動ニ關シテハ陵尙道派ト稱シ强大ナル勢力ヲ持シ居リ數次暗殺破壞ノ兇暴行爲ヲ逞ウセル義烈團員中ニモ本道出身ノ幹部數名アリ

尙朝鮮共產黨及高麗共產青年會員中ニモ多數ノ本道出身關係者アリテ第一次以降數回ニ亘ル檢擧ニ際シ其都度首腦者中ニ本道出身者ノ介入セサル者ナキ實情ニシテ從來社會ノ耳目ヲ聳動セル重要犯罪事件ニシテ本道ニ關係ヲ有セサルモノ殆ントナク而モ直接ニアラスンハ陰謀ノ樞機ニ參畫シ居レル等各般ノ事象ヲ綜合シ本道ハ高等警察上極メテ重要ノ地位ニ置カレアルモノト認メラル

明治三十九年以降ニ於ケル暴徒ノ蜂起及大正八年萬歲騷擾カ遠クハ壬辰ノ役以來培ハレ來リタル排日ノ事實ヨリ出發シ居レルハ明カナル處ナルカ之等ノ二大騷動ニヨリ一般鮮人間ニ植付ケラレタル排日ノ觀念ハ更ニ一層大ナルモノアルヘク就中良民ノ殺戮、暴民ノ死傷等ニヨリ其眷族ハ擧ケテ日本ニ怨恨ヲ挾ムニ至ルハ當然ノ歸結ニシテ現ニ安東ノ兩班故李中業ノ妻ハ大正八年騷擾當時守備隊ニ引致取調ヲ受ケタル結果失明シ爾來十一年間苦シミタル末昭和四年二月死亡シルタメ日本ニ對スル敵意ハ日夜忘却シ能ハサル旨實子李棟欽自ラ告白シ居レルカ如キ其一事例ナルカ本件ノ如キ隱レタル事實ハ他ニモ相當多キヲ算スヘク排日ノ因ハ之等ニヨリテ更ニ其範圍ヲ擴メ加フルニ明治三十八年日韓保護條約締結以降時世ヲ憤慨國外ニ走レルモノ或ハ暴徒ノ討伐及騷擾檢擧ノ手ヨリ免ルルタメ國外ニ逃走セルモノ等ハ何レモ留マリテ不逞運動ニ從事シ且國外出奔後出生セル子女ニ於テ現在相當ノ年齡ニ達シ祖先ノ志ヲ繼キ不逞運動ヲ畫策シ居レルモノ亦多キヲ算スヘク將來ノ不逞企畫ハ此等ノ系統的人物ニヨリテ敢行セラルルハ必然豫想シ得ラルル處ナルモ鮮內ニ於テハ現在判明セル人物ニ對シテスラ僅ニ通信等ニヨリテ其動靜ヲ察知シ得ラルルノミニシテ查察極メテ困難ヲ感スル反面犯罪ハ前顯屢述ノ如ク常ニ系統ヲ辿リテ敢行セラルル等極メテ注意ヲ要スル狀態ニアリ

道內ニ於ケル治安ノ情勢ハ概シテ靜謐各々其業ニ安ンシ平靜ナル過程ヲ辿リツツアルモ裏面ニ於ケル潛在的思想ニツイテハ敍上本道ノ特質ト各般ノ事象ニ照スモ容易ニ樂觀ヲ許ササルモノアリ大正十二年以降ニ於ケル鮮內社會主義運動ノ歷史的發達ノ經過竝ニ朝鮮ノ特殊的政情トハ民族社會兩主義運動提携ノ傾向ヲ顯ハシ遂ニ「昭和二年二月新幹會ノ創立ヲ見ルニ至リ道內ニ於テハ目下支會二十一、會員三千四百餘名ヲ有シ地方ニ於ケル排日鮮人主義者中相當著名ノ人物ハ殆ント之レニ加入シ且既設左傾團體ハ政治經濟運動ヘノ方向轉換ヲナシ或ハ新幹會ノ積極的支援ヲ決議スル等名實共ニ提携一致ノ行動ニ出テ爾來地方問題時事問題等ニ對シテハ極力之レニ容喙シテ官憲ニ對スル反抗的氣勢ヲ煽リ或ハ事案ノ紛糾擴大ニ努メ機ヲ捉ヘテ盛ンニ民族的反感ノ因ヲ作リツツアル反面徐ロニ政治的大衆訓練ノ步武ヲ進メツツアリ尙之レト共ニ運

《고등경찰요사》(조선총독부 경북경찰부, 1934)

이만도의 며느리 김락의 삶을 그려낸 뮤지컬. 대중들에게 깊은 감명을 주었다.

김락의 생가인 백하구려(안동 임하면 천전동)

고 독립운동 명가의 인물답게 투쟁의 대열에 나서기 시작했다. 그 첫 무대가 1915년 결성된 광복회(光復會)였다.[21] 총사령 박상진(朴尙鎭)이 피신해오자, 그를 숨겨준 사람도 이들 형제였다. 1918년 맏손자 동흠이 경찰에 붙잡혔던 이유도 바로 광복회 군자금 모집 때문이었다.

둘째 손자 종흠은 제2차 유림단의거에 기여했다. 1925년 김창숙이 북만주에 독립군 기지를 세우고자 자금을 모으러 국내로 몰래 들어왔는데, 여기에 맞추어 자금을 모집하는 데 종흠이 나섰던 것이다. 이듬해 초까지 활약하던 김창숙이 중국으로 간 뒤, 그 활동이 일본 경찰에 탐지되는 바람에 종흠은 곤욕을 치렀다.

두 사위도 마찬가지였다. 맏사위는 금계마을 학봉 김성일의 종손인 김용환(金龍煥)이다. 그는 만주에 건설된 독립군 기지에 자금을 공급한 의용단의 서기였다. 그가 비밀리에 돈을 만든 방법은 도박을 핑계 삼아 집의 재산을 처분하는 것이었다. 그러는 바람에 종가 재산을 거덜내, 사정을 모르는 사람들은 그를 파락호라 비웃었지만, 실제로는 서로군정서에 군자금을 공급한 독립운동가였다. 때문에 김용환도 경찰에 붙들려 옥고를 치렀다.

둘째 사위 류동저(柳東著)도 사회운동에 나섰다. 진사 류연박의 아들이니, 정재(定齋) 류치명(柳致明)의 증손자요, 세산(洗山) 류지호(柳止鎬)의 손자이다. 그는 주로 안동청년회와 조선노동공제회 안동지회에 참가하여 사회운동을 벌였다.

---

1) 朴周大, 《羅巖隨錄》, 국사편찬위원회, 1980, 378~379쪽.

2) 서상철은 본관이 달성이고, 서울 출생이었는데, 제천으로 옮겨와 살았던 인물이나(《大邱徐氏世譜》 己未原譜). 서상철은 뒤에 서상목(徐相睦)이라 개명하여 족보에는 바뀐 이름으로 올라 있다. 그는 제천의 전기 의병 소모장이 된 서상렬(徐相烈)의 6촌이며, 화서(華西) 이항로(李恒老) 학파를 이은 류중교(柳重敎) 아래에서 공부하였다. 서상철의 집안

은 안동과 깊은 연관을 가지고 있었다. 달성 서씨가 안동 일직면 소호리에 입향한 것은 함재(涵齋) 서해(徐嶰, 1537~1559) 때이다. 그 후손들이 일직면 소호리에 세거하였는데, 서해는 서상철의 12대조이다. 안동과의 이러한 인연을 가진 서상철은 친척들이 터를 잡고 있던 곳이자 척사적 분위기가 강한 안동을 의병을 일으킬 지역으로 선택한 것이라 짐작된다.

3) 李晩燾, 《響山日記》, 국사편찬위원회, 1985, 647~648쪽.

4) 《駐韓日本公使館記錄》, 〈東學黨에 관한 件〉 제177호, '慶尙道東匪의 鎭壓에 관한 公翰'; 金允植, 〈금영내란〉, 《동학난기록》 상, 87쪽(金祥起, 《韓末義兵研究》, 一潮閣, 1997, 62~63쪽에서 재인용).

5) 金祥起, 〈在元山領事 報告〉, 《韓末義兵資料》 Ⅱ, 독립기념관 한국독립운동사연구소, 2001, 81~82쪽.

6) 용계는 온혜마을 위쪽에 있다하여 '상온' 또는 '상촌' 이라 불렸다(이동신, 〈예안 지역의 '선성의병(1895~1896)' 연구〉, 《안동사학》 8, 안동사학회, 2003, 139쪽).

7) 金鼎燮, 《日錄》, 1895년 12월 9일자. 김정섭은 이중린의 사위이다.

8) 金道鉉, 〈碧山先生倡義顚末〉, 《독립운동사자료집》 2, 독립운동사편찬위원회, 1983, 17쪽.

9) 金道鉉, 〈碧山先生倡義顚末〉, 《독립운동사자료집》 2, 독립운동사편찬위원회, 1983, 20쪽.

10) 李兢淵, 《乙未義兵日記》, 1895년 12월 17일자.

11) 李兢淵, 《乙未義兵日記》, 1895년 12월 18일자.

12) 李晩燾, 〈부록연보〉, 《향산집》, 乙未 十二月條; 李兢淵, 《乙未義兵日記》 1895년 12월 18일자.

13) 李兢淵, 《乙未義兵日記》, 1896년 1월 4일자.

14) 金鼎燮, 《日錄》, 1896년 1월 8일자. ( )는 필자주.

15) 김도현(金道鉉)이 삼백당에서 하루 유숙하고 간 날이 이 무렵이다(金道鉉, 〈碧山先生倡義顚末〉, 《독립운동사자료집》 2, 독립운동사편찬위원회, 1983, 20쪽).

16) 《響山集》 卷之三, 請斬五賊疏.

17) 《響山集》 卷之一, 附錄, 年譜.

18) 《響山集》 卷之三, 請斬五賊疏.

19) 《靑邱日記》(필사본), 1910.

20) 조선총독부 경북경찰부, 《고등경찰요사》, 1934, 2쪽.

21) 광복회는 1915년 7월에 대구 달성공원에서 비밀리에 결성된 독립운동 단체이다. 1913년 채기중을 비롯한 의병항쟁 계열의 인물 몇 명이 풍기에 모여 조직한 광복단, 그리고 1915년 1월에 대구에서 계몽운동단체로 출발한 조선국권회복단원 가운데 박상진을 비롯한 강경파 인사 몇 명이 합류하여 결성된 것이다.

4

순국 물결 이어간 이중언

1) 나라 위해 목숨 던지니, 동포들이여 꺾이지 말라

가슴에 품은 칼날 같은 마음
그 누가 이를 풀어 줄 수 있으랴
하늘마저 이미 끝나고 말았으니
죽지 않고서 또 무엇을 할까
내가 죽지 않고 있으니
향산옹(響山翁)이 빨리 오라 재촉하네

이는 동은(東隱) 이중언(李中彦)이 남긴 〈술회사(述懷詞)〉이다. 가슴에 가득 한(恨)이 쌓여 덩어리가 되니, 곧 원(怨)이고, 이것이 비수(匕首) 같은 덩어리가 되었다. 이어 하늘이 무너

어록비(천안 독립기념관 소재)

졌으니, 다른 길이 달리 없다. 늘 존경하고 의지한 집안 숙부 향산(響山) 이만도(李晩燾)가 24일 동안 단식한 끝에 순국했고, 이중언 또한 그 길을 따라 나섰다. 그래서 곡기를 끊은 지 12일 되던 날, 이중언이 이 글을 읊었다. 힘들어도 이 길을 가겠노라고.

이보다 열흘 앞선 10월 11일(음 9.9.), 곧 단식을 시작한 바로 다음날, 그는 〈경고문(警告文)〉을 지었다. 나라가 무너진 마당에 오직 나아갈 길은 사생취의(捨生取義), 목숨을 던져 의로움을 택하는 것뿐이라는 뜻을 선언했다. '내 한 목숨 던져 의로움을 세울 디이니, 동포들이여, 나라가 무너졌다고 쉽게 꺾이지 말고 뜻을 세우고 맞서 싸우라'고 외쳤다.

나라가 망했다. 이미 그럴 기미도 여러 차례 보였다. 그래서 1881년에는 만인소를 올려 나라가 잘못되고 있다고 지적했고, 1895년에는 의병을 일으켜 싸워도 보았다. 1905년 외교권을 빼앗겼을 때는 서울로 가서 을사오적을 목 베라고 상소를 올리기도 했다. 그렇게도 애를 썼건만, 끝내 나라를 잃었다. 이중언은 자신에게도 역사적인 책임이 있다고 생각했다. 집권 노론세력이나 세도가문처럼 관직을 오래 누린 것은 아니지만, 그래도 대과에 합격하여 잠시라도 관직을 맡았다는 생각 때문이다. 나라가 무너진 지금, 이제 그가 택할 길은 의리를 지키는 것뿐이라고 여겼다.

2) 하계마을에서 태어나 문과에 급제하다

하계(下溪)마을은 퇴계 종가가 있는 상계마을 바로 아래쪽에 있고, 도산서원도 가깝다. 하계는 퇴계의 유적지이자 퇴계가 영원히 잠든 곳이기도 하다. 일찍이 퇴계가 양진암(養眞庵)을 짓고 사유하던 곳이자, 1546년에 '동암에서 뜻을 말하다'라는 '동암언지'(東巖言志) 두 편을 노래한 곳도 여기다. 더구나 그가 마지막 유택을 정한 곳이 바로 이 마을 뒷산이다. 산소 입구에 버티고 선 동암은 마치 수호신인 듯하다. 이곳에 마을을 연 사람은 바로 퇴계의 손자 동암(東巖) 이영도(李詠道)이다.

동암이 터를 연 하계마을에서는 조선 후기를 장식한 많은 인재들이 배출되었고, 그들이 남긴 발자취는 역사 속에 뚜렷하게 드러난다. 그렇지만 지금 이곳에 서서 옛 모습을 조금이라도 짐작할 수 있을 사람은 전혀 없다. 1976년에 안동댐이 들어서면서 옛 마을은 사라지고, 그렇게 많던 고택들이 뿔뿔이 흩어지거나 사라져 버렸기 때문이다.

사간원(司諫院) 정언(正言)을 지냈다고 해서 '정언 할배'로 불리는 이중언은 철종 원년, 즉 1850년 2월 12일에 안동 예

동암바위(위), 퇴계묘소 입구를 지키고 선 동암 바로 아래 이중언의 집이 있었다.
수졸당(아래), 하계마을을 연 이영도의 종가. 안동댐 건설로 마을이 수몰되자 동암 안쪽 골짜기로 옮겨졌다.

안의 하계마을에서 태어났다. 그의 자는 중관(仲寬)이며 호는 동은(東隱)이다. '중관' 이라는 자에는 너그럽고도 관대하게 살아가라는 어른의 가르침이 담겨 있다고 여겨진다. '동은' 이라는 호는 그가 살아있는 동안에 사용한 것이 아니라, 생을 마감하면서 후손들에게 알려준 것이었다. '동'(東)에서 하계 마을을 연 동암 선조의 뜻을 잇는 후손이라는 뜻이, '은'(隱)에서는 뒤틀린 세상사를 외면하고 조용하게 들어앉은 삶을 살아왔다는 의지가 느껴진다.

진성 이씨 하계파는 학문과 관직이 끊이지 않고 빛을 내뿜은 명가 가운데서도 이름난 가문이다. 동암이 마을을 연 이후 문과에 급제한 인물만 쳐도 15명이나 된다. 대개 지방 출신 문과 급제자를 찾아보면 군 단위로 5, 6명이거나 많더라도 10명을 넘는 경우가 흔하지 않다. 그런데 이 마을에서만 그 숫자가 15명이나 되니, 글 하는 마을이자 선비마을임을 말해주고도 남는다. 5대조 세관(世觀)은 이조참의에 증직되고, 4대조 구원(龜元)은 첨중추부사, 조부 휘제(彙濟)는 부호군, 부친 만우(晩佑)는 첨중추부사를 지내고 이조참판에 증직되었다. 한편 외가는 내앞[천전(川前)]마을로, 어머니 숙부인(淑夫人)은 김두진(金斗鎭)의 딸이다.

하계마을의 학문은 퇴계의 학문을 가장 전형적으로 계승 발

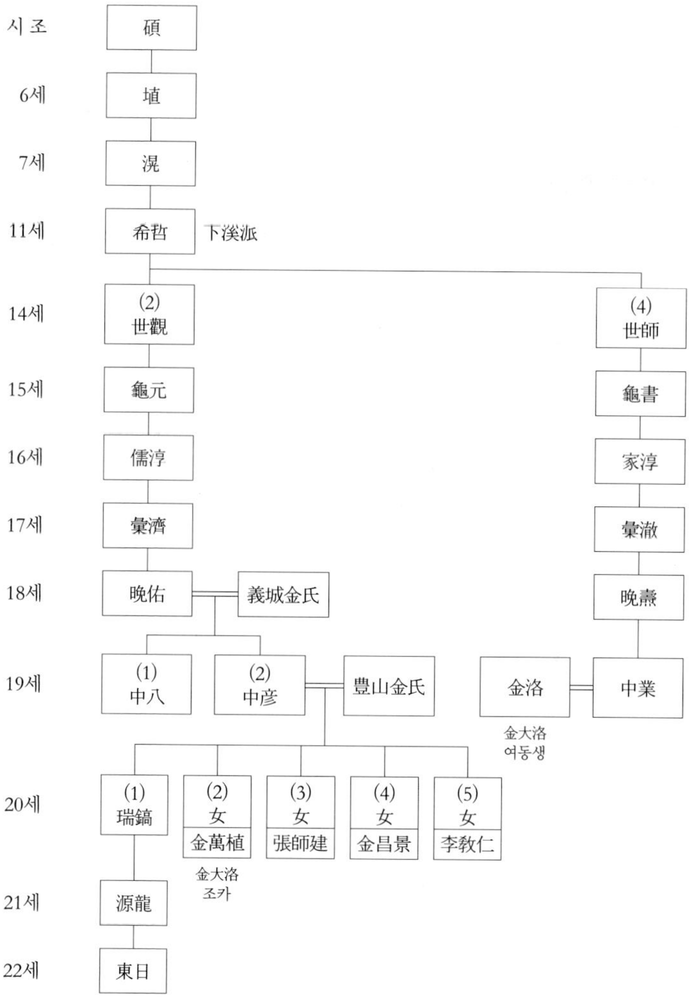
시조
碩
6세
埴
7세
滉
11세
希哲
下溪派
14세
(2)
世觀
(4)
世師
15세
龜元
龜書
16세
儒淳
家淳
17세
彙濟
彙澈
18세
晚佑
義城金氏
晚燾
19세
(1)
中八
(2)
中彥
豊山金氏
金洛
中業
金大洛
여동생
20세
(1)
瑞鎬
(2)
女
金萬植
(3)
女
張師建
(4)
女
金昌景
(5)
女
李敎仁
金大洛
조카
21세
源龍
22세
東日

이중언 가계도

전시켜 나간 곳이다. 이만도와 이중언은 동일한 가학 학맥을 잇는 인물로서 더욱 특별한 관계를 가졌다. 뒷날 자정순국의 길을 함께 걸은 이유를 두 사람의 관계가 서로 곁에 살았다는 사실만이 아니라 같은 학맥을 잇고 있다는 점에서도 찾을 수 있다.

이중언은 재종숙(再從叔) 이만송의 영향으로 어릴 때부터 도리와 법도를 익힐 수 있었다. 이만송은 문자를 강독하고 해석하는 선에 그치지 않고 충효의 대표적 인물들을 역사 속에서 찾아 가르쳤던 것이다. 그리하여 이중언은 15세가 되기도 전에 이미 사서삼경에 능통했다. 이어서 그는 집안 친척들과 산사로 들어가 본격적으로 공부에 매달렸다. 사종숙(四從叔)인 이만규와 삼종형(三從兄) 이중두(李中斗)는 함께 입산한 대표적인 친척이다. 이들 두 사람도 모두 문과에 급제하여 관직을 두루 거치게 되는데, 이만규는 교리, 이중두는 이조참의를 지내게 된다.

이중언은 과거 준비에 심혈을 기울였다. 1872년(고종 9) 향시(鄕試)에 합격하고 1879년(고종 16) 5월에 '문과 갑과 제3인'으로 대과를 통과하였다. 상의원(尙衣院) 직장(直長, 종7품)을 시작으로 하여 성균관(成均館) 전적(典籍, 정6품)이 되고, 이어서 사간원(司諫院) 정언(正言, 정6품)이 되었다. 1880년(고종 17) 여름에 그는 사헌부(司憲府) 지평(持平, 정5품)에 제수되면서 다시 조정에 들어섰다. 능묘(陵廟) 제사에 대한 책임을 맡아 나아갈 때마다 법도에 한 치도 틀리지 않게 일을 진행했으며, "멀리 떨어진 궁벽한 곳에 사는 한미한 신하가 나라에 보답할 것은 오직 이 한 길 밖에 없다"고 말하곤 했다. 그러나 이 직분마저도 그리 오래 수행하지 않고 그는 고향으로 돌아왔다. 격변의 시대가 눈앞에 닥쳤기 때문이다.

마침 나라를 뒤흔든 사건이 발생하였다. 《조선책략(朝鮮策略)》이란 책이 국내로 들어와 그 내용이 알려지자, 곳곳에서 유림들의 반발과 비판이 격렬하게 터져 나왔던 것이다. 《조선책략》의 핵심은 리시아의 남하를 막아내는 동아시아-태평양 연대를 형성하는 데 조선이 참가해야 한다는 내용이었다. 러시아의 남하로 말미암아 만주 지역은 청국에게 가장 고민스럽고도 위험한 공간으로 여겨지게 되었다. 마침 조선이 일본과 조약을 맺고 개항하자, 이홍장은 미국을 끌어들여 청-조선-일본-미국으로 연결되는 대러시아 방어 라인을 구상하고, 이를 위해 조선이 미국과 연대를 형성해야 한다고 요구하고 나섰다.

조선 정부는 청국이 제시한 정책을 수용하는 방향으로 가닥을 잡아나갔다. 1880년 여름을 지나면서 정부의 정책 기조가 구체화되어가자, 유림들의 반발이 일어나기 시작했다. 11월 1일 도산서원에서 〈통문(通文)〉이 발송되었다. 이것이 '영남만인소'

(嶺南萬人疏)라고 불리는 거대한 저항운동의 서막이었다.

도산서원은 《조선책략》으로 말미암아 벌어지던 난국에 대처할 방도를 찾자는 논의를 제기하고 나섰다. 곧 도산서원에서 발송된 통문이 영남지역 전역으로 전달되었다. 이 '통문' 맨 끝에 발의자 11명의 명단이 적혀 있고, 그 속에 이중언이 들어 있다.

도산서원 통문은 미국과 연합해야 한다는 주장을 통렬하게 반박하였다. 여기에서는 청국이 미국을 끌어들이고자 야소교는 천주교와 다르다고 주장하지만, 사실상 결코 그렇지 않다고 못 박았다. 이 글은 헌종의 척사윤음을 인용하기도 하고, 정조가 내린 '선정사유문'(先正賜侑文)에서 "비록 이단이 이에 서로 유혹하지만, 영남 일흔 한 고을이 미혹되지 않았고, 이 때문에 추로지향(鄒魯之鄕)이라" 했으니, "이것이 과연 누구의 공로이겠는가?"라고 물으면서 척사소를 올리자고 제안하였다.

상유사(上有司)		이만손(李晩孫)
재임(齋任)		금정기(琴鼎基)
제통(製通)		이만협(李晩恊)
사통(寫通)		이만주(李晩疇)
회원(會員)	전참판(前參判)	이만운(李晩運)
	전참봉(前參奉)	이중경(李中慶)
	전교리(前校理)	이만양(李晩養)
	전정언(前正言)	이중언(李中彦)
진사(進士)		이중식(李中軾) 이만걸(李晩杰) 이 박(李 珀)

'통문' 맨 끝의 발의자 11명 명단

1880년 11월 25일, 유림들의 도회(都會)가 안동 시내 태사묘

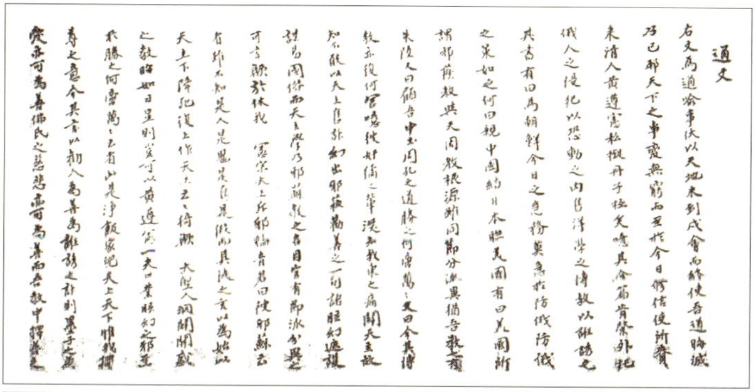

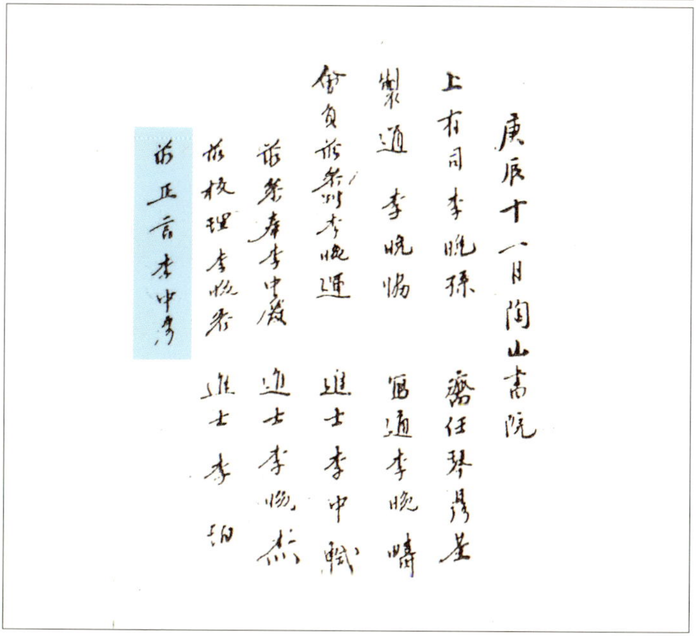

도산서원에서 유림들에 보낸 통문(위). 《조선책략》에 적극 대처하자고 주장했다. 발의자 명단(아래)에 이중언이 들어 있다.

에서 열렸다. 이것이 곧 영남만인소를 기점으로 삼은 1881년 신사(辛巳)대척사운동의 시작이었다. 안동 도회에서 상소 대표인 소수(疏首)로 퇴계 후손이자 도산서원 상유사이면서 '도산서원 통문' 대표 발의자인 이만손이 뽑혔다.

영남만인소는 도산서원 통문과 내용이 대략 비슷하였다. 중국과 친하고 일본과 결속하며 미국과 연합하여 러시아를 막는다는 《조선책략》 내용을 비판하면서 "우리나라는 옛날부터 훌륭한 법규가 있으므로 서학을 수용할 필요가 없고, 황준헌이라는 자가 중국인이라고 하지만 일본 앞잡이"라고 주장하였다. 영남만인소는 개화를 추진하던 민씨 정권의 퇴진을 요구하는 정치적인 성격을 지녔다. 결국 민씨 척족에 도전장을 내밀고 개화정책을 반대한 것이었기 때문에, 정부는 영남만인소가 정권에 도전하는 것이라고 규정하였다. 이로 말미암아 소수 이만손과 상소문을 쓴 강진규가 유배당하기에 이르렀다. 그러자 영남 유생들의 성향은 정치투쟁에서 점차 외세배척·반외세투쟁으로 변해갔다.

3) 예안 선성의병 전방장으로서 전투를 치르다

1892년 이중언이 돌연 산속으로 들어갔다. 마흔 두 살이라는 젊은 나이였지만, 골짜기 들어가 농사지으며 은둔하겠다고 작정하고 산 속 생활을 선택하였다. 그래서 찾은 곳이 봉화군 임당산(林塘山) 골짜기, 신암폭포(新巖瀑布)였다. 이곳은 일찍이 퇴계가 찾고 시를 남긴 유적지였다.

그러나 임당산 골짜기에 은거하던 그를 다시 세상으로 불러내는 사건이 발생하고 말았다. 1895년 민비(훗날 명성황후로 추존)가 시해당하고 단발령이 시행되는 극한 상황이 그것이다. 1895년 11월 15일에 내려진 단발령은 10여 일이 지나자 지방에서도 시행에 들어가기에 이르렀다. 그러자 이에 반발하여 곳곳에서 유림들의 뜻을 모으자는 논의가 일어났다. 안동문화권에서는 예안에서 가장 먼저 통문이 나왔다.

대낮에 행인을 붙들어 강제로 상투를 잘라버리는 일이 자행되고, 그것이 지방에도 확산되기 시작했다. 단발령이 예안에 도착한 날이 음력으로 1895년 11월 27일, 즉 양력으로 1896년 1월 11일이었다. 점점 사람들이 길을 나다니기 두려워했고, 민심은 격앙되어 갔다. 급기야 곳곳에서 거병을 논하는 통문이 동시다발로 쏟아져 나온 것이다. 그 가운데서도 예안의 통문이 앞섰다. 단발령이 내려진 지 14일 만에 나온 것이었다.

예안통문에는 모두 223명이 서명했다. 그러나 현재는 그 가운데 단지 7명의 이름만 전해진다. 예안 유생 이만응(李晩鷹)·

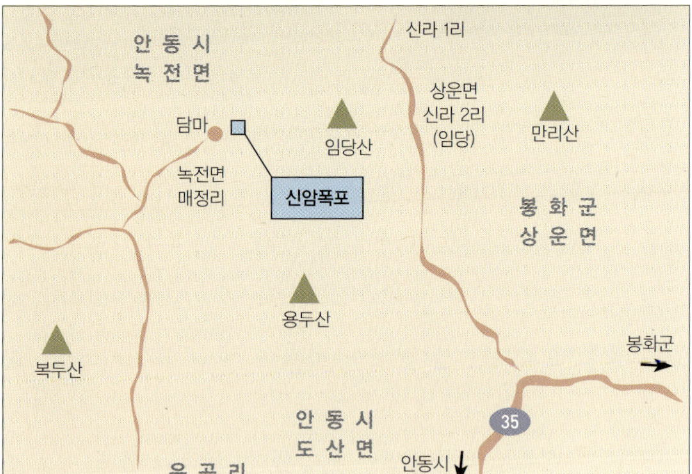

이중언이 은거하던 신암폭포(위). 퇴계의 유적지다. 신암폭포 위치(아래)

금봉렬(琴鳳烈, 또는 琴鳳述) · 목사 이만윤(李晩胤) · 진사 김수현(金壽鉉) · 교리 이만효(李晩孝) · 승지 이중두(李中斗) · 승지 이중봉(李中鳳)이 그들이다. 이만응은 상계파로서 영남만인소 소수였던 이만손의 생가 동생이고, 이만윤은 의인 출신이며, 이만효와 이중봉은 상계, 그리고 이중두는 하계출신이다. 더욱이 이중두는 이중언과 함께 산 속에서 공부했던 팔촌형(八寸兄)이기도 하다. 예안통문 서명자 대표 7명에서 이중언 이름을 발견할 수 없지만, 223명 전체 명단에는 당연히 들었으리라 짐작된다. 그 면면을 보거나 이중두와 관계, 그리고 통문 직후에 결성된 예안 선성의진에 이중언이 참가했던 점을 보더라도 그가 여기에 동참하지 않았을 리가 없기 때문이다.

여생을 은둔하며 보내겠다고 봉화 산골로 들어간 그였지만, 민족문제가 발생하자 다시 나서지 않을 수 없었다. 예안의진, 또는 선성의진(宣城義陣)이라 불린 의병에 그도 참가하고 나섰다. 당시 기록에는 '선성진'이라거나 '청량진' 등으로 쓰였다.

의병항쟁사의 첫 걸음은 1894년 7월 안동에서 일어났다. 갑오의병이라 불리는 이 항쟁은 청일전쟁을 일으키기 바로 전에 일본이 경복궁을 점령하여 명성황후를 시해하려고 기도한 만행, 즉 갑오변란에 항거하여 궐기한 것이다. 그러다가

1895년 실제로 명성황후가 시해되고 단발령이 강행되자 전국에서 의병이 본격적으로 일어나고 1896년 병신년까지 이어졌으니, 이를 을미·병신의병이라 부른다. 이중언이 참가한 예안의병은 바로 을미의병이다.

예안에서 일어난 선성의진은 전국에서도 비교적 일찍 일어난 것이었다. 단발령이 전해진 직후에 예안통문이 발표되고, 1896년 1월 25일(음 1895.12.11.)에 거병하였다. 예안에서 일어난 선성의진이 거병한 날은 안동의진이 거병한 지 8일 뒤였고, 다른 지역에 견주면 매우 이른 것이었다. 당시 봉화에 우거(寓居)하고 있던 이중언 또한 분연히 나섰다.

선성의진은 앞뒤로 네 명의 의병장이 지도해 나갔다. 처음에 의병장으로 천거된 인물은 이만도였다. 그는 이중언에게 각별한 인물이었다. 하계마을에서도 옆집에 살던 이웃이자 사종숙(四從叔)이 되는 인물이지만, 더욱이 두 사람은 같은 줄기의 가학을 이어받은 사이였다. 이중언에게 이만도는 집안 아저씨이자, 학문적 선배요, 과거시험과 관직의 길잡이였다. 그런 이만도가 이끄는 의진에 이중언이 참가한 것은 당연하다. 그런데 이만도가 이끈 선성의진은 거병한 지 8일 만에 중단되었다. 그리고 온혜마을 위쪽의 용계 출신이자 1차 선성의진 부장을 맡았던 이중린(李中麟)이 2차 의진을 조직하였으니, 1차 의진이 해산한 지 보름만의 일이다. 이중언의 이름이 확실하게 등장한 것도 바로 이 2차 선성의진이다.

2차 선성의진이 결성된 날은 1896년 2월 16일(음 1.4.)이었다. 2차 선성의진에서 이중린 대장 아래에 이중언이 활동했다는 기록은 선명하게 남아있다. 2차 선성의진이 결성된 뒤 한 달이 지난 3월 14일(음 2.1.), 청송의진 기록인 《적원일기(赤猿日記)》에 그의 이름이 보인다. 청송의진이 결성되고 이틀이 지난 이 날, 선성의진 군문도총(軍門都總) 이중목(李中穆)과 진무장(鎭撫將) 이중언, 그리고 영양 좌방장(左防將) 김도현(金道鉉)이 청송의진을 방문했다는 기록이 그것이다.

이중언이 선성의진에 참여한 사실이 또 한 번 명확하게 등장하는 기록은 영양 좌방장 출신이자, 2차 선성의진의 중군(中軍)으로 초빙된 김도현(金道鉉)의 기록 〈벽산선생창의전말(碧山先生倡義顚末)〉이다. 이중언과 더불어 청송을 방문했던 김도현은 영양의진에서 활약했는데, 예안 선성의진에서 초빙하는 바람에 그는 예안으로 합류하게 되었다.

이만도의 제자인 김도현은 영양군 청기 출신으로 일찍이 청량산에서 거병을 모색하던 인물이다. 김도현이 참가하면서 선성의진은 본격적인 전투의병의 성격을 띠는 편제를 갖추었다. 그리고 바로 그 편제로 태봉전투를 치르게 되고, 거기에 이중언은 전방장(前防將)으로서 참전하였다. 당시 지휘부 진용을 알려주는 간단한 편제 내용은 다음과 같다.

〈태봉전투 당시 2차 선성의진 지휘부 일부〉

대　장 : 이중린(李中麟)

중　군 : 김도현(金道鉉)

선봉장 : 이인화(李仁和)

전방장 : 이중언(李中彦)

참　모 : 이빈호[李彬(斌?)鎬] · 이중엽(李中燁)

종　사 : 이장규(李章奎)

2차 선성의진은 1차와는 달리 처절한 전투를 치렀다. 선성의진은 안동 · 봉화 · 예천 · 순흥 · 영천(현 영주), 그리고 제천에서 온 호좌의진(湖左義陣)과 더불어 일본군 병참부대 공격에 나섰다. 상주 태봉에 터를 잡은 일본군이 그 목표였다. 당시 일본군은 부산에서 대구를 거쳐 서울로 연결되는 병참노선을 확보하고 있었는데, 그 지점이 상주 낙동과 태봉을 거쳐 수안보를 지나 충주로 연결되고 있었다. 그래서 의병들이 태봉 주둔부대를 공격 목표로 지목했던 터였다. 호좌의진 별동대를 이끌고 3월 10일(양) 안동에 도착한 서상렬은 연합의진 결성

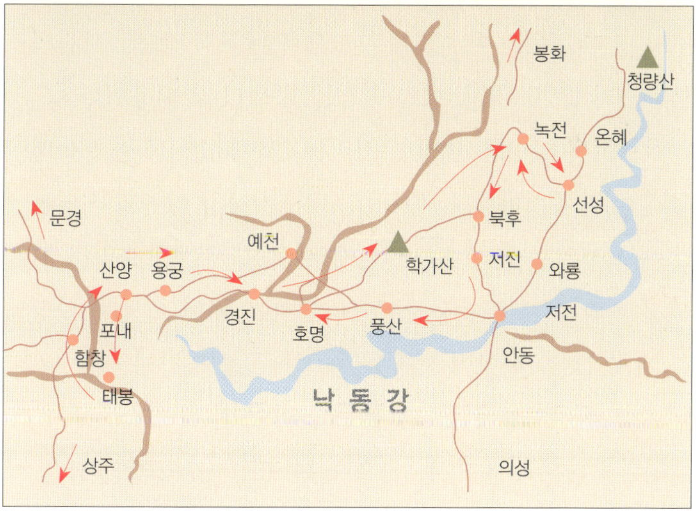

함창 태봉(위), 태봉전투 이동로(아래)

과 태봉 공격을 제안하였다. 선성의진도 기꺼이 여기에 동참하기로 결정했다. 전방장이라는 중책을 맡은 이중언이 거기에 참전한 것은 당연하다.

선성의진 선발부대는 예안을 출발하여 1차 집결지인 안동 풍산을 거쳐 3월 20일(음 2.7.) 예천으로 향했다. 3월 26일(음 2.13.) 예천읍내 강변에서 선성의진을 포함한 안동권 6개 의진과 호좌의진 등 7개 의진 대표가 백마를 잡아 그 피를 마시며 동맹을 서약하고 승리를 기원했다. 예천회맹이라 불리는 의식을 치른 것이다. 그 자리에서 연합의진은 다섯 가지 맹약문을 선택하였다. 역적의 무리가 되지 말 것, 중화제도를 바꾸지 말 것, 죽고 사는 것으로 마음을 바꾸지 말 것, 사적으로 행동하지 말 것, 적을 보면 진격할 것 등이 그 내용이다.

이중언이 예안을 출발한 시기는 3월 26일, 곧 예천회맹이 열리던 그 무렵이었다. 중군 김도현·선봉장 이인화와 더불어 그는 선성의진 본대 300여 명을 이끌고 예안을 출발하였다. 의진 행렬은 서촌과 풍산 수동, 그리고 예천 오천(梧川)장터를 거쳐, 28일 산양에 도착하였다. 이들은 도착한 다음 날 바로 전투가 시작된다는 사실을 알고 있었다.

연합의진은 눈비 오는 궂은 날씨에도 아랑곳않고 밤을 이용하여 예천군 용궁으로 향했다. 연합의진이 용궁을 거쳐 산양에 진을 친 날이 3월 28일(음 2.15.)이었다. 15년 전 1881년 영남만인소를 시작하면서 도소를 차렸던 곳이 산양이었으니, 이중언도 남다른 감회를 느꼈을 것이다. 선성의진은 3월 28일 영주·순흥의진과 더불어 영주 포내촌(浦內村; 현 문경시 영순면 포내리)에 머물렀고, 29일 아침 일찍부터 연합의진은 태봉 공격에 나섰다. 일본군 보고에 따르면 연합의진의 규모가 7천여 명이었다고 전해진다. 일본군은 100명을 넘지 않았지만, 의병에 견주어 무장력이 월등했다.

태봉전투는 이틀 동안 벌어졌다. 그 선두에 선성의진이 나섰고, 풍기·순흥·영주의진이 뒤를 따랐다. 하지만 일본군의 전투력이 워낙 월등하여 의병들은 밀릴 수밖에 없었다. 선성의진도 다른 의진과 마찬가지였다. 일본 측 자료에도 당시 일본군 수비대와 응원군 2개 분대가 증파된 가운데 7천 명과 치른 전투에서 의병 전사자가 30명에 이른다고 보고되었다. 29일 밤에 의병들은 대체로 예천으로 후퇴하였다가 출신지에 따라 흩어졌다. 선성의진은 용궁으로 갔다가 학가산으로 이동하고, 녹전을 거쳐 3월 31일경(음 2.18.) 예안으로 돌아오게 되었다.

그 뒤로 선성의진에서 이중언의 움직임은 확연하게 드러나지 않는다. 세밀하게 그의 행보를 담은 기록이 없으니, 언제

선성산 전경

까지 의진을 이끌었는지 알 수 없다. 선성의진이 태봉전투를 치르고 돌아온 뒤에 선성산에 산성을 개축했다거나 기봉(旗峰)에 굴을 팠다는 활동 기록이 보이는데, 이는 선성의진이 적을 대비한 모습을 알려준다.

일본군과 관군이 본격적으로 예안에 밀려들자 선성의진은 청량산(淸凉山)으로 들어갔다. 청량산 산성을 기지로 삼고 버티자 일본군과 관군은 의병 근거지를 없애려 나섰다. 5월 31일(음 4.20.)에 청량산 오산당(吾山堂)이 불태워지거나, 심지어 그 전날 퇴계 종가에 불을 질러 1,400권에 이르는 문서와 책이 소실된 일이 대표적인 사례이다. 이중언의 집에서 멀지도 않은 상계마을 큰 종가에 방화사건이 일어났으니 모두들 황망하기 그지없는 사태가 아닐 수 없었다. 그 난리를 겪고 열흘이 지난 6월 10일(음 4.29.)에 2차 선성의진은 해산하고 말았다.

4) 나라 망하자, 음식 끊고 순국하다

을미의병이 해산한 뒤 이중언은 다시 신암폭포 아래 은거했다. 그가 다시 역사의 무대로 나타난 것은 일제에 외교권을 강탈당한 박제순-하야시 억시합의(을사조약·을사늑약) 소식 때문이다. 그는 광무황제에게 상소문을 올리기로 작정하고 소장(疏章)을 지었다. 그 제목이 '청참오적소'(請斬五賊疏), 즉 '다섯 역적의 목을 베소서'이었다. 그리고는 조카 이빈호[李彬(斌?)鎬]를 대동하고 서울로 향했다. 이에 앞서 옆집에서 이중업(李中業)이 부친 이만도(李晩燾)가 쓴 상소문을 갖고 서울로 향했다. 다리가 부어 제대로 걷지 못하는 아버지를 대신하여 이중업이 상경한 것이었다. 둘은 동시에 상소문을 대궐에 제출했다.

그는 '청참오적소'에서 먼저 역사적 원수인 일본을 끌어 들인 잘못을 지적했다. 그러면서 일본이 강압함에도 불구하고 강제 병탄의 직전 단계로 가는 일제 정책을 단호하게 거부한

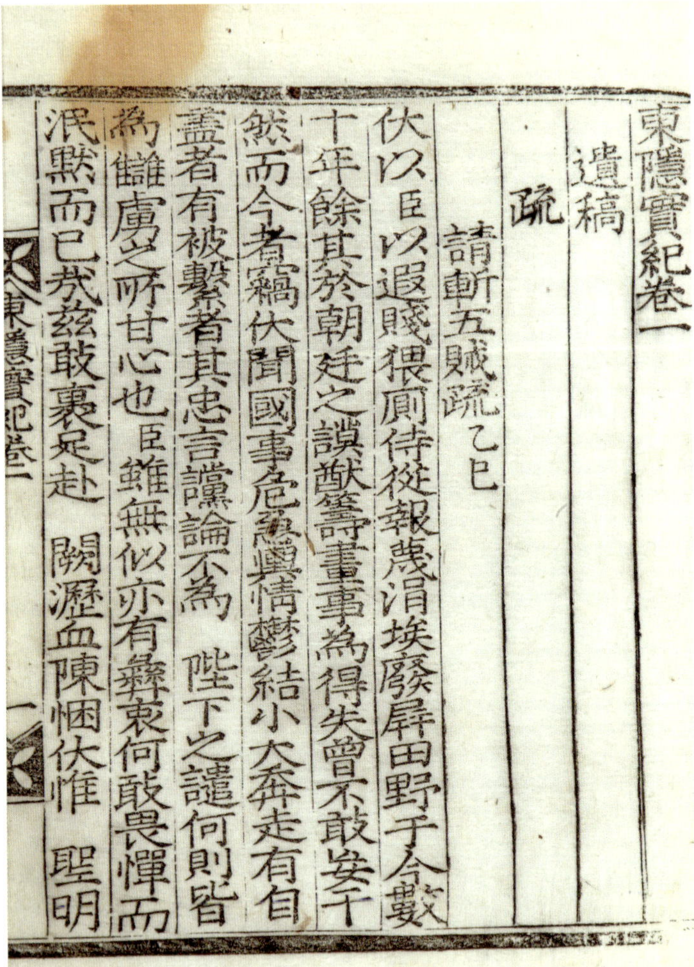

東隱實紀卷一

遺稿

疏

請斬五賊疏 乙巳

伏以臣以遐賤猥厠侍從報蔑涓埃廢屛田野于今數十年餘其於朝廷之謨猷籌畫事爲得失曾不敢妄干然而今者竊伏聞國事危急輿情鬱結小大奔走有自盡者有被繫者其忠言讜論不爲 陛下之諒何則皆爲讎虜之所甘心也臣雖無似亦有彛衷何敢畏憚而泯默而已哉玆敢裹足赴 闕瀝血陳悃伏惟 聖明

東隱實紀卷一 一

〈청참오적소〉. 을사오적의 목을 베라고 요구한 상소문이다.

황제의 의지를 그는 높이 평가했다. 그렇다면 당연히 다섯 역적을 처형하는 일이 다음 순서라고 그는 주장하면서, 그 길이야말로 안으로 안정을 가져오고, 밖으로 조약이 거짓이라는 사실을 국제적으로 확인시킬 수 있다고 확언했다.

하지만 끝내 나라가 무너지는 것을 막을 수가 없었다. 의병도 일으켜 싸워보았고, 외교권을 빼앗길 때는 다섯 도적의 목을 베라고 상소도 올려 보았다. 그러나 어느 것 하나 이루어지지 않았다. 왜적을 막아 나라를 되살릴 길이 보이지 않았다. 그는 문을 걸어 잠그고 잠적한 채로 살았다. 옆집에 살던 숙부인 이만노는 산으로 들어갔다. 세상만사가 뒤틀려 어느 하나 바르게 돌아가는 것이 없는 나날이었다.

국치(國恥), 1910년 8월 29일 마침내 나라를 잃었다. 나라가 망한 것은 하늘이 무너진 것이나 마찬가지였다. 만 60세를 맞은 이중언은 목 놓아 통곡하며 "을사년 조약이 강제로 체결된 이후 오로지 한 올의 명주실과 다를 바가 없이 목숨을 영위해온 사람이다. 나라가 이 지경에 이르게 되었으니 내가 어찌 감히 살아있는 인간으로 자처하겠는가"라고 말했다.

나라를 잃은 1910년 가을, 온 세상은 어둡고 갈 길은 보이지 않았다. 문을 걸어 닫고 세상과 발을 끊은 이중언은 갈 길을 가늠하고 있었다. 결국 자정순국이 유일한 길이라는 생각을 굳혀 나갔다. 나라의 자존심을 살리고 겨레의 가슴에 결코 꺾이지 않는 힘을 불어 넣겠다는 생각이었다. 그 날이 대개 9월 9일(음 8.6.) 즈음이라 생각된다. 두문불출하며 각오를 굳혀가던 무렵에 마침 들려온 향산 이만도가 단식을 시작했다는 소식이 그로 하여금 마지막 결단을 내리는 계기를 마련해 주었다. 그가 이만도의 단식 소식을 들은 때는 이만도가 단식에 들어가고 나흘이 지난 9월 21일(음 8.18.)이었다. 이만도는 재산 묘막에서 단식을 시작하였는데, 그 소식을 이중언만 늦게 들은 것이 아니라, 이만도의 아들 이중업(李中業)이나 며느리 김락(金洛)도 마찬가지였다.

그는 이미 향산이 단식에 들어가리라 짐작하고 있었던 것 같다. 향산의 단식 소식을 듣자마자, 그는 벌떡 일어나서 "우리 숙부니까 이런 일을 하시는 것이다. 나는 우리 숙부의 이런 결행이 있으리라는 것을 진정 입산하시던 날부터 짐작하고 있었다. 훌륭하신 일이 아닌가! 통쾌한 일이 아닌가!" 고 말했다는 대목에서 확인된다.

이중언은 이미 숙부를 따르기로 작정하고 있었다. 혁신유림으로 이름 높은 동산(東山) 류인식(柳寅植)의 제문에서 그런 장면이 드러난다. "우리 장인이 반드시 뒤이을 것이다", 이 말은 맏사위 김만식이 류인식에게 던진 것이다.

마침내 10월 10일(음 9.8.) 이만도가 순국했다는 소식이 들려왔다. 그는 마음에 새겨둔 그대로 밀고 나아갔다. 이승에서 마지막 인사를 드리러 조상의 사당을 찾아 나섰다. 마침 바람이 매서운데다 물마저 차가워 아들과 조카들이 가마를 타고 다녀오길 권했다. 그러나 그는 "내 몸이 상처를 입어 손상되었는데 어찌 발이라고 해서 아까워하겠는가"라 말하고는 걸어서 강을 건너가 사당 앞에 엎드려 곡했다. 그리고는 곧바로 임북산(林北山, 임부곡)에 있는 부모 묘소를 살핀 다음 큰 종가를 비롯하여 선조들의 사당을 두루 찾아가 참배했다.

선조들에게 자신의 의지를 고하고 돌아온 순간이 이중언의 단식 시작점이었다. 귀가하자마자 집안 사람들이 권한 미음도 받지 않았다. 그가 단식을 선언하자, 부인과 아들은 당연히 만류하고 나섰다. 그러나 그의 뜻은 단호했다. 아들 서호(瑞鎬)가 울면서 고하였으나, 한 치 흔들림도 없었다. 또 받사위 김만식의 숙부인 김소락(金紹絡)이 이중언을 찾아와서 "황제로부터 받은 은총이 향산(響山)보다 적으니, 굳이 향산을 따라 단식할 필요가 없지 않겠습니까?"라면서 단식을 그만두라고 간곡하게 말렸다. 그러자 이중언은 "부인의 수절(守節) 여부도 남편의 은공(恩功) 차이에 따라 결정되는가?"라고 되물었다. 대과에 합격하고서도 관직에 나아간 기일이 짧으므로 굳이 이만도의 길을 따를 필요가 없다는 논리로 단식을 만류하려 했던 것이 김소락의 뜻이지만, 남편이 아내에게 베푼 은공이 적다고 남편이 죽은 뒤 부인이 수절하지 않아도 된다는 말이냐고 비유하며 그가 되물은 것이다.

이중언은 단식을 시작한 다음날인 10월 11일(음 9.9.) 일제를 향해 〈경고문(警告文)〉을 썼다. 여기에 자신이 단식순국을 결행하는 이유와 목표를 분명하게 드러냈다. 그는 먼저 짐승 같은 무리들의 위협을 받고 있는 상황에서 '선택할 수 있는 유일한 길은 의리뿐'임을 강조했다. 또 우리 동포가 모두 여기에 매진하여 일제 강점을 용납하지 않도록 하는 초석이 되어야 할 것이라는 뜻을 밝혔다.

단식을 시작한 지 12일째 되던 10월 21일(음 9.19), 그는 집안조카이자 예안 선성의진에서 함께 활약했던 이선구(李善求)에게 "옻칠한 좋은 관(棺)은 쓰지 말라"고 당부하며, 시를 읊었다. 이것이 앞에서 본 〈술회사〉다. 칼날 같은 마음을 풀지 못하는 처지를 탄식하면서, 순국한 이만도가 자신을 어서 오라 부르고 있다고 읊었다. 며칠 뒤 그는 상복차림으로 대기하던 친족들에게 그는 일일이 뒷일을 당부하면서 작별인사를 나누었다. 염습도 얇게 하고, 장례도 달을 넘기지 말고 간단하게 치르라는 것이 그의 당부였다. 맏딸이 와서 울고, 사위

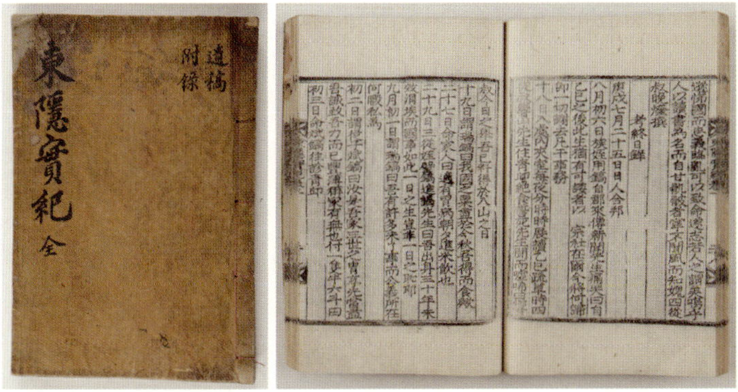

《동은실기》(왼쪽), 《고종일록》(오른쪽). 단식하여 순절하는 과정이 적혀있다.

들이 안타깝게 인사드렸다. 보름이 지나니 목이 막혀 말하기 힘들어졌다.

11월 5일(음 10.4.) 일본 순사 3~4명이 조사를 핑계로 방문하여 음식을 강제로 권하라고 요구했다. 그러자 정신이 혼미하던 그가 갑자기 일어나 곁에 있던 사람에게 "너는 저런 놈들을 빨리 쫓아내지 않고 뭘 하느냐. 내가 당장 저놈들을 칼로 베어 죽이리라"고 소리쳤다. 정신을 잃어가던 마지막 순간까지도 그의 기개는 서릿발 같았던 것이다. 임종이 가까워짐에 따라 시자(侍者)가 상투의 끈을 정돈하고 수염과 머리를 빗긴 다음 손을 들어 옷깃을 여미고 반듯하게 눕히니 숨을 거두었다. 단식을 시작한 지 27일 만인 11월 5일(음 10.4.), 저녁 6시 무렵이다. 이렇게 그는 세상을 떠났다.

숨을 거두기 앞서, 그는 글을 남겼다. 자신이 세상을 떠난 뒤에 펼쳐보라고 가족들에게 일러준 봉서(封書)였다. 거기에 담긴 글이 바로 〈경고문(警告文)〉이다. '규범이 무너진 세상이라면 삶을 포기하는 한이 있어도 의리를 지켜야하는 것이 성현의 가르침'이라는 점을 밝히면서, 우리 겨레가 힘써 매진할 때임을 일렀다. 바로 그 글 아래에 '동은(東隱)'이라는 호가 적혀 있었다. 이 세상을 떠나면서, 자신의 삶과 뜻을 담아낸 것이 바로 이 '동은'이라는 호였다. 동암 선조가 터를 잡은 마을, 그 마을을 지켜보던 동암바위 아래에서 조용히 은거하고 살아간 선비가 바로 '동은'이었다. 그는 그렇게 불리고 평가되기를 원했던 것이다.

1910년 늦가을 하계마을은 온통 잿빛이었다. 이만도가 단식하고 운명하기까지의 24일, 그리고 이중언이 그 길을 따른 27일까지 총 50여 일 동안 하계마을은 무거운 침묵에 휩싸였다. 뜻을 세우고 떠나는 두 어른을 보내고, 또 장례를 치러야 하니, 온 집안이 거의 석 달 동안 침묵과 통곡을 이어갔다.

이중언의 영향을 받은 인물로서 독립운동에 나선 사람으로는 맏사위 김만식이 대표적이다. 김만식은 내앞마을 도사(都事) 김진린(金鎭麟)의 차남 김효락(金孝洛)의 둘째 아들이다. 백부가 만주에서 독립운동을 벌인 백하(白下) 김대락(金大洛)이요, 큰 고모부가 석주(石洲) 이상룡(李相龍)이다. 그리고 막내 고모부가 이중업이니, 고모 김락은 곧 이중업의 아내요, 이만도의 며느리다. 김만식은 큰 고모부를 도와 대한협회 안동지회 설립에 참여하면서 본격적으로 구국운동에 나섰다. 나라를 잃은 직후 이상룡을 비롯한 안동 인사들이 망명을 계획하면서 그에게 만주 지역 사전조사를 맡겼다. 그 정보를 바탕으로 백부와 큰 고모부 및 김동삼 등과 함께 그는 만주로 망명하였다. 그는 서로군정서에서 활약하면서 군자금을 모집하고자 국내를 출입하다가 1928년 청성진에서 일제 경찰에 붙들려 고초를 겪고 고문 후유증으로 병을 얻어 1933년 9월 사망하였다.

동은(東隱) 이중언(李中彦)!

퇴계 묘소 발치에 있는 마을 하계(下溪), 그곳에 터를 잡은 입향조 동암 이영도, 입향조를 상징이나 하듯 버티고 선 동암(東巖). 그 바위 아래에서 살다간 이중언은 그래서 스스로 호를 '동은(東隱)'이라 지었다. '동암바위 곁에 은거하고 살다가는 선비'라는 뜻이자, 그의 생애를 그대로 옮겨놓은 말이다.

그의 생애는 크게 두 시기로 나뉜다. 만 60년 일생 가운데 전반기는 학문적 성장과 과거 시험 준비, 그리고 대과 합격이

주류를 이루었고, 후반기는 나라가 무너지는 과정을 온 몸으로 버티면서 자신이 담당할 역사적 몫을 다하려 혼신의 힘을 쏟아 부은 나날이었다. 30대에 척사운동, 40대에 의병항쟁, 50대에 다시 척사운동, 그리고 60에 자정순국으로 그의 생애를 간략하게 표현할 수 있다.

당시 나라가 무너져 가던 그 시절, 민족지성이 선택한 길은 두 갈래였다. 하나는 전통을 계승하면서 나라를 붙들어 세워보려는 것이었고, 다른 하나는 새로운 문물을 받아들여 혁신적인 변화 속에 새로운 틀을 만들어 보려는 것이었다. 이중언은 바로 전자의 길을 걷다가, 나라가 무너지자마자 함께 산화해 간 민족지성 가운데 한 사람이었다. 그가 선택하고 걸은 길은 오직 대의명분과 의리에 바탕을 두었다. 무엇이 옳은 길인지, 그는 그것만 묻고 답하며 살다 갔다.

정부는 이중언에게 1962년 건국공로훈장을 수여하고, 제도가 바뀐 뒤 건국훈장 독립장을 추서하였다.

5

충을 택한 류도발·류신영 부자[1]

1) 류도발의 삶과 선택

(1) 하회에서 태어난 선비

류도발(柳道發)은 1832년 6월 28일 안동시 풍천면 하회에서 류성룡의 10세손으로 태어났다. 아버지는 류진휘(柳進徽)이고, 어머니는 안동시 풍산읍 소산마을 출신 김병룡(金炳龍)의 딸이다. 류도발의 호는 회은(晦隱), 자는 승수(承叟)이다. 호는 뒷날 순국하기에 앞서 지은 것이다. 그는 타고난 바탕이 순수하고 굳셌다. 그래서 백부 류진황(柳進璜)과 숙부 류진우(柳進瑀)가 그를 기특하게 여겨 "우리 문호(門戶)를 창대(昌大)하게 할 자는 반드시 이 아이이다"라고 내다볼 정도였다. 그의 처가는 이웃 가일마을 안동 권씨 집안이다. 만 열여섯 살이던 1847년에 권구(權榘)의 후손인 권장(權璋)의 딸과 결혼하였다.

하회마을 전경

그의 집안은 본디 가세가 넉넉하지 않았다. 부친이 성균관에서 공부하던 시절에는 집안이 가난하였고, 성장기에 있던 그가 직접 서울로 가서 옷과 음식, 과실 등을 가져다 드렸다. 이후 아버지 류진휘가 과거에 급제하여 관직생활을 하여 그도 더러는 아버지의 근무지에서 지내는 시절도 있었다. 1877년 봄, 아버지가 송화(松禾; 황해도 신천)군수로 재직할 때, 그 공무를 도우기도 했다. 당시 큰 흉년이 들어 백성을 구휼하는 일이 다급한 형편이었는데, 이 때 그가 부지런히 도왔던 것이다.

류도발은 효성이 지극한 사람으로 알려져 있다. 32세가 되던 1864년 봄, 어머니에게 큰 종기가 생겨 여러 달 위험한 처지에 빠졌는데, 처음부터 끝까지 입으로 그 종기를 빨아내어 회복시킨 것은 하나의 사례일 뿐이다. 1881년 아버지가 병을 얻어 고생할 때도 그의 효성은 대단했다. 그는 정성을 다하여 약을 달여 드리고, 함경남도 고원(高原)의 양천사(梁泉寺) 대웅전에서 아버지의 병이 낫게 해달라고 빌었다.[2] 선비가 부친의 병환이 낫도록 부처에게 기도한 것이다. 하지만 그의 아버지는 아홉 달 동안 병마와 싸우나가 객관에서 별세하였다. 그는 천 리나 되는 먼 길을 아버지의 시신을 모시고 고향으로 돌아와 장사지내고 3년상을 치렀다.

부친상을 치르자마자 1884년 7월 부인 안동 권씨가 세상을 떠나는 비극을 맞았다. 이 때 그는 나이가 만 52세였으나, 매우 건강하여 젊은이와 마찬가지였다. 그래서 주위에서 재취를 말하는 이가 많았지만 어머니가 가풍을 염려하자 그는 재혼하지 않았다. 1895년 2월에 어머니가 작고하자, 50대 나이가 된 그는 아침저녁마다 제상 차리는 일을 아들에게 맡기지 않고 손수 해냈다.

류도발은 그의 효성만큼이나 아랫사람 돌보는 것도 남달랐다. 그 가운데 하나가 강원도 양양을 지나다가 생긴 일이다. 유랑거지가 병든 아이를 안고 길가에 앉아서 울고 있었는데, 그가 연유를 묻자 "아이가 천연두에 걸려 여관에 투숙했는데, 이미 숙박비가 없고 또 길손들이 깨끗하게 여기지 않고 주인이 받아들이지 않기 때문에 이 지경에 이르렀다"는 거지의 사정을 들었다. 그는 주인을 불러 "그대는 객주(客主)이거늘, 이처럼 추운 계절에 이 사람을 구박하여 쫓아내니 어찌 인심이 그런가?"라고 나무랐다. 주인이 말하기를 "사람을 상대하는 직업으로서 행인들이 깨끗하게 여기지 않기 때문에 부득불 그랬다"고 답하였다. 류도발은 "사람들이 그리 싫어할 리가 있겠는가? 반드시 숙박비가 없는 때문이겠지"라면서, 주머니에 있는 것을 털어 거지에게 주었다. 이처럼 류도발의 품성은 효성과 자애로움을 갖추고 있었다. 그밖에도 그는 진솔하고 꾸밈이 없는 성격을 가졌다. 또한 작은 일에 연연하지 않았다.

(2) 류도발의 학문

류도발은 선비로서 학문생활에 몰입하였다. 그가 지은 만사와 시, 편지 등은 즐겨 어울린 유림들의 면면을 알려준다. 하회 북촌댁의 주인이자 당대 최고 인물에 속하는 석호(石湖) 류도성(柳道性)을 비롯하여 많은 인물들과 학문토론을 벌이

기도 하고, 함께 모여 시를 지었다. 그는 평소 공부할 기회를 놓친 것을 한스럽게 여겨 글을 잘 짓지 못한다고 말하면서도, 실제로는 홀로 지낼 때 손에서 책을 놓지 않았다. 매일 밤 《서애집(西厓集)》에 수록된 〈독침불괴금명(獨寢不愧衾銘)〉을 가슴으로 읊조리고 되새겼다.

류도발의 학문은 퇴계 이후 이어진 학풍에 푹 젖어 있었다. 그의 설명을 들어 보자.

> 심(心)은 한 몸의 주재(主宰)인데 정성(情性)을 통섭하고 이기(理氣)를 갖추고 있고 덕행을 싸고 있고 사업을 발(發)하고 귀·눈·코·입과 손과 발의 동정(動靜)이 명령을 듣지 않음이 없다. 비유하면 집에 가장(家長)이 있는 뒤에야 백 가지 사무(事務)가 얽힌 것에 대응할 수 있고, 나라에 임금이 있는 뒤라야 만방(萬方)의 통령(統領)을 관섭(管攝)할 수 있는 것과 같다. 그러므로 성현의 여러 가르침이 모두 '심'(心) 한 글자 위에서 설명이 되니, 요순(堯舜)의 정일(精一)과 하·은·주 3대의 예제(禮制)와 공자의 '극기복례'(克己復禮), 《중용(中庸)》의 '신독'(愼獨)이 모두 이 '심'(心)을 존양(存養)하여 대본(大本)을 세우고 도(道)에 통달하는 요령이 된다. 성(誠)과 경(敬)은 곧 '심'(心)을 잡는 매우 절실한 단 한 가지 약재다. 옛 사람의

> 공부가 모두 이 '심'(心)에 말미암는데, 성학(聖學)의 도(道)가 이와 마찬가지다.[3]

류도발은 도(道)가 사람에 있는 것이 예나 지금이나 마찬가지이고, 또 일찍이 없어지거나 쉬지도 않으며, 만세토록 탈이 없으니, 지금 시대에 고증해 보아도 대개 그렇다고 말하였다.

또 그는 자신이 청소년기에 학문에 깊이 몰두하지 못했음을 늘 안타깝게 여기고 아들 류신영에게 다음과 같이 당부했다.

> 옛 사람이 '젊은 시절에 책 읽지 않으면 만년에 그 무료함을 이기지 못한다'라고 일렀다. 이 말은 가장 좋은 표현이다. 예나 지금이나 공부하는 기회를 놓친 사람은 날마다 친구들과 더불어 휩싸여 놀다가, 노년이 되어 곁에 가까이 오는 이가 없고 마음에 붙는 바가 없어 흔들흔들 떨어지는 버들가지가 바람 따라 정처 없이 떠다니는 것과 같다. 그러니 그 무료를 이기도록 하는 것이 마땅하다. 너는 모름지기 이런 좋은 말을 생각날 때마다 적어두어 게으른 생각을 가지지 말도록 하라.

류도발은 병산서원 강회(講會)에 참석한 사람들에게도 "근본에 돌아가고 그 실제를 닦아 선생의 가르침과 제자의 배움이 이 시대에 다시 밝게 된다면 작은 마을의 충신(忠信)으로도 오히려 그 나라를 선(善)하게 할 수 있고 앞으로 법이 될 수 있다"라고 가르쳤다. 그가 이러한 교육으로써 얻고자 했던 것은 대의(大義)를 잃지 않고 효제(孝悌)의 도(道)를 다하며 예양(禮讓)의 풍속을 이루는 것이었다.[4]

개항과 개화, 사회변화를 바라보는 시각은 그가 지은 〈시무편사론(時務便私論)〉에 잘 나타나 있다. 그는 이 글에서 제자들에게 구습을 버리고 각자 나랏일을 책임지고 정성을 다할 것을 촉구하였다.[5] 그는 당시 사회가 조정에서부터 민간에 이르기까지 편의만을 추구하고 당론에 따라 움직이고 있다고 보았다. 그는 우리나라의 지리적 위치가 사방으로부터 외침을 받을 수 있으므로 변방을 수비하고 민력을 길러 국가재정을 확충해야 한다고 주장하였다. 사사로운 정에 따라 행동하거나 권력을 훔쳐 자기 무리를 심는 데만 힘쓰면 부서져 가루로 변할 것이고, 그렇게 되면 나라의 안위와 민생이 도탄(塗炭)에 빠지는 것을 생각할 수 없게 된다고 지적하였다. 그는 밖으로 교린의 방법을 찾으면서 안으로 자강의 대책을 세워야 뒷날의 성공을 바랄 수 있다고 믿었다. 그렇지 않고 그냥 강화를 맺으면, 무기를 놓아버린 채 문을 열어 저들을 맞이하게 될 것이고, 일을 맡기고 섬기게 되면 일본의 노예나 포로가 될 것이라고 경계하였다.

(3) 나라 잃자 목숨 끊다

류도발은 전통적인 퇴계학 계승자이다. 그러니 위정척사라는 틀 안에서 움직인 인물임은 두말할 나위가 없다. 다만 과거와 관직을 거치지 않았을 뿐, 사상적인 틀은 퇴계에서 발원하고 서애를 이어 내려온 가학을 잇고 있었다. 그러므로 옷이나 풍속을 바꾸려는 개혁에 대해 반대하는 의식을 갖는 것이 당연했다. 일본에게 문을 열고, 그 영향으로 진행된다고 생각되는 제도 변경은 모두 세상을 무너뜨리는 것이라 여겼다. 입는 옷의 모양과 색깔을 간소하게 바꾸는 변복령(變服令)도 그 가운데 하나였다.

세상이 점차 어렵게 변해가자, 그는 옮겨 살 곳을 찾았다. 고향에서 멀지 않은 의성군 신평면(新平面) 덕암리(德巖里)가 그곳이다. 그는 스스로 회은(晦隱)이라 호를 지었다. 거기에는 법통이 무너져버린 세상을 피해, 골짜기에 숨어서 지내겠다는 뜻이 담겼다. 그렇다고 세상의 찌들고 나쁜 일들이 그를 피해갈 리 없었다. 1899년 음력 5월, 여러 곳에서 노적이 일어났는데, 모두들 두려워할 뿐 대책이 없었다. 가까운 마을에서도 약탈을 피하는 곳이 드물었다. 그도 도적 무리에게 공격

하회마을과 류도발 묘소

받는 일이 생겼다. 강도 수십 명이 각각 무기를 들고 닥쳐들어 그를 협박하였다. 그러나 류도발은 조금도 두려워하지 않았다. 오히려 아들 류신영에게 새로 담가둔 술[박주(薄酒)]을 가져다가 주라고 이를 정도였다. 이에 도적들이 감화되어 물러났다는 이야기가 전설처럼 전해진다.

1910년, 마침내 나라가 무너졌다. 류도발은 그 소식을 8월 21일 류도필(柳道弼)의 집에서 여름을 지내다가 들었다. 더구나 이만도와 봉화의 이면주(李冕宙)가 순국했다는 소식이 들려왔다. 더 이상 미룰 필요가 없었다. 때가 온 것이다. 9월 28일, 그는 하회에 가서 조상 묘소를 찾아 두루 절하고 하직 인사를 드렸다. 그 동안 방황하고 머뭇거린 마음이며, 선조에 대한 죄송스러움을 고했다. 가슴 아픈 느낌을 어찌 할 길이 없었다. 그는 시(詩) 한 수를 읊었다.

시절은 훌쩍 가을로 변했는데	時序居然接素秋
성묘하고 옛날을 회상하니 눈물이 쏟아지네.	省楸回憶淚橫流
슬프도다! 나라 찾을 힘 없으니 우리 선조 생각나고	嗟無再造追先烈
정신과 생각 견디기 어려우니 천하를 무엇으로 위로하리[6]	叵耐神思慰九州

이어서 류도필이 찾아와 전패(殿牌)가 없어졌다고 알렸다. 전패는 각 고을마다 객사에 두는 국왕을 상징하는 '전(殿)'이란 글씨가 새겨진 패이고, 정해진 날에 관리들이 이것에 예를 올렸다. 그런데 안동부에 그 전패를 없애버렸다는 것이었다. 사대부 집에 견주어 말하면, 종가의 사당에 있던 신주를 없앴다는 말과 같았다. 나라의 주인을 상징하는 전패가 없어졌으

니, 이는 곧 국가의 멸망을 뜻했다.

류도발은 눈물을 흘리며 통탄하면서 "종묘사직이 망했고 전패가 훼철되었다. 여러 왕들의 깊은 어짊과 두터운 은택이 이같이 징험이 없으니 천리(天理)를 진실로 알 수 없다"고 말하였다. 이어 그는 "그렇다면 병산서원(屛山書院)의 사당문을 보통 때처럼 열고 닫는 것도 송구하지 않는가?"라고 되물었다. 류도필도 그렇겠다고 동의하자, 류도발은 "내 나이 80에 나라가 무너지고 임금이 망하여 장차 남의 나라의 포로가 되게 되었으니 그 욕됨이 심하다. 더구나 세신(世臣; 류성룡)의 후손임에 있어서야!"라고 한단하였다.

류도발은 세상을 떠날 때가 왔다고 마음을 굳혔다. 자손들에게는 늘 그랬던 것처럼 조심하고 부지런하라고 거듭 일렀다. 그는 고향을 들러 조상 묘소와 사당에 참배했다. 그리고서 덕암으로 돌아온 뒤, 자리를 펴고 북쪽을 향해 네 번 절하고서, 드디어 곡기를 끊었다. 그 날이 11월 11일(음 10.10.)이다. 앞으로 다시는 음식을 권하지 말라고 아들에게 일렀다. 남의 나라의 백성이 될 터이니, 앞으로 닥칠 해가 얼마나 되는지 헤아리기도 힘들고, 구차하게 사는 길을 찾는 것은 욕되고 욕되다는 것이 그 이유였다.

아들 류신영(柳臣榮)이 눈물을 흘리며, "선비가 의(義)에 처하는 것이 대부(大夫)와 같지 않은데, 왜 하필이면 이와 같이 하십니까?"라고 아뢰었다. 아버지가 벼슬을 갖지 않아 사대부와 다르므로 굳이 목숨 끊을 이유가 없다고 말씀드린 것이다. 그러자 류도발은 "우리가 할아버지(류성룡)의 후손으로 선군(부친 류진휘)을 모시고 세 고을의 녹을 먹었으니, 어찌 관직이 몸에 없다고 말을 하겠냐. 우리 집은 10세(世)를 이어온 것이 충효(忠孝) 대절(大節)에서 벗어나지 않았는데, 아침에 죽을지 저녁에 죽을지 모르는 날을 당하여 구차하게 살기를 구하는 것이 또한 비루하지 않는가? 의리상 그 곡식을 먹지 못하겠다. 내 뜻이 이미 정해졌으니 더 이상 긴 말을 하지 말라"고 하여 결연한 뜻을 밝혔다. 그는 류성룡으로부터 10세를 내려오면서 '충효'를 지켜왔다고 자부하고 있었다.

그는 몇 가지 사실을 당부했다. 장례는 간결하게 치르고, 이색(異色) 물건을 사용하지 말라고 일렀다. 신주를 만들지 말고, 묘주도 묻어서 태평한 세상을 기다리라고 당부했다. 국가의 종묘가 훼철된 마당에 사대부 집안의 사당을 옛날처럼 봉안하는 것이 편치 못한 일이라 여긴 때문이다. 그래서 신주를 묻었다가 광복된 날을 기다리라고 주문한 것이다. 그러면서 그는 직접 뒷날을 기다리는 마음을 담아 〈합방후매주축(合邦後埋主祝)〉을 지었다.[7] 또 명정(銘旌)에는 '대한처사'(大韓處士)로 적으라고 말했다. 그는 자신이 대한제국 사람임을 분명히 밝힌 것이다. 비록 나라를 잃었지만, 그는 식민지 백성이 될 수 없었다.

단식을 시작한 다음 날인 11월 12일(음 10.11.), 그는 자신의 뜻을 담은 시 〈자탄(自歎)〉을 읊어 의지를 분명히 밝혔다.

태어나 재지(才智) 없음 나만한 이 없는데	生無才智莫如儂
차마 우리나라 옛날 모습과 다른 것을 보겠는가	忍見青邱異昔容
풍정(楓井)의 하계(霞溪) 영공(令公)이 앞서 가셨으니	楓霞二令先我逝
그 때 따라가지 못한 것이 한스럽구나[8]	恨不同時下相從

그는 자신이 단식자결할 때가 늦었다고 탄식했다. 여기서 풍정(楓井)의 하계(霞溪)는 봉화의 이면주를 가리킨다. 이미 앞에서 본 것처럼, 이만도는 9월 17일(음 8.14.)일 단식을 시작하여, 24일째 되던 10월 10일(음 9.8.) 순국하였고, 이면주는 이만도의 단식 순국 소식을 듣고 음독자결하였다. 류도발은 이만도가 단식하기 시작했다는 이야기나 순국했다는 소

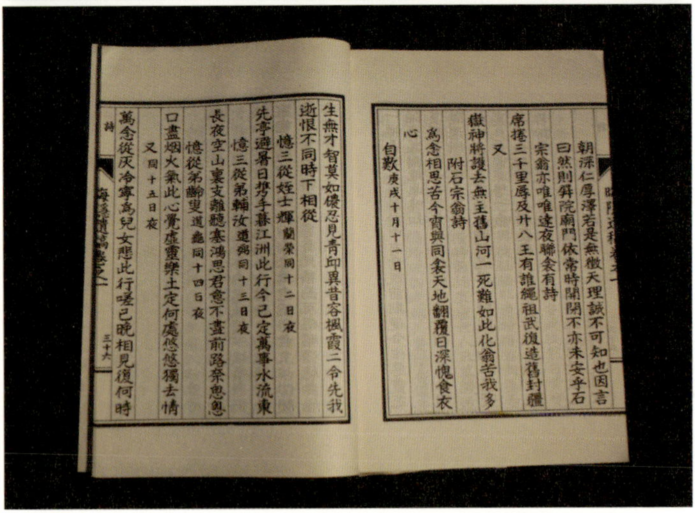

류도발의 글을 모은 《회은유고》와 단식을 시작하며 그 뜻을 밝힌 〈자탄〉.

식을 모두 들었을 것이다. 그래서 시로 순국 소식을 표현했던 터였다. 그리고서 그들이 순국한 날짜보다 한 달이나 지나서 결행에 옮기게 된 것이 늦었다고 한탄했던 것이다.

그는 11월 13일 밤 안동의진에 참가하여 도총(都總)을 맡아 활약했던 류난영(柳蘭榮, 자는 士輝)을 생각하며 시를 지었다.

선정에서 피서하던 날	先亭避暑日
강가에서 손잡고 노니니 날이 저물었지	携手暮江洲
이번 길 이제 이미 정하였으니	此行今已定
만 가지 일은 물을 따라 동으로 흘러가네[9]	萬事水流東

그는 며칠 동안 가까이 지낸 인물들에게 보내는 시를 썼다. 11월 16일 밤에도 한 수의 시를 읊었는데, 여기에서도 자신의 단식자결이 늦었음을 아쉬워하였다.

온갖 생각 재처럼 싸늘해지니	萬念從灰冷
어찌 아녀자처럼 슬픈 빛 지을까	寧爲兒女悲
이 길이 이미 늦은 것을 슬퍼하노니	此行嗟已晚
서로 볼 날은 다시 어느 때일까[10]	相見復何時

11월 17일, 그는 〈자명(自銘)〉을 지었다. 스스로 애도하면서, 살아온 평생을 정리한 것이다.

태어나서는 얼마나 우둔하였고	生何愚鈍
자라서는 또한 성글고 게을렀네	長亦踈慵
늙어서는 어찌 강건하였나	老何康健
이제 바라노니, 목숨 잘 마치기를[11]	願爲善終

단식을 시작한 지 8일째인 11월 18일 밤, 자신의 호(號) '회은(晦隱)'에 대한 뜻을 '지(識)'로 지었다.

이름나지 않는 것 은(隱)이라 하고	名不聞曰隱
몸 드러나지 않는 것 회(晦)라 하네	身不顯曰晦
회(晦)와 은(隱)으로 길이 마치리니	且將晦隱以長終
회여 은이여	晦兮隱兮
내 좋아하는 바를 따르리[12]	從吾所好

스스로 지은 호 '회은'은 '이름나지 않고, 몸도 드러내지 않겠다'는 그의 철학을 담았다. 그렇게 삶을 마감하겠는 것이 그의 다짐이었다.

단식 15일째 되던 11월 25일, 일본 관리가 와서 면회를 청하며 단식을 만류했다. 그러자 그는 큰 소리로 "함께 하늘을 이고 살 수 없는 원수를 어찌 상대할 수 있겠는가? 울분을 이기지 못하겠도다"라고 강변하였다.

11월 27일, 단식 17일째를 맞아 류도발은 저녁 무렵[酉時]에 향탕(香湯)을 올리라 명했다. 향탕이란 향을 넣어 달인 물인데, 사람이 죽은 뒤 염습하기 전에 시신을 씻는 물을 발한다. 그러니 자식들이 차마 올릴 수 없었다. 아들 류신영이 명에 따르지 못하고 울자 그는 "이러한 망극한 상황을 당하여 순응하여 따라야 할 뿐이니, 얼른 향탕을 가져오라"고 다그쳤다. 그는 향탕으로 직접 몸을 깨끗이 씻고 자리를 바르게 하고 편안하게 세상을 떠났다. 깔끔하게 삶을 마친 것이다.

류도발의 순국 소식은 곧바로 전국에 퍼져 나갔다. 이미 소식을 전해들은 유림들이 사태 추이를 주시하고 있었음은 말할 것도 없다. 순국 소식이 전해지자 곳곳의 선비들이 그를 애도하였다. 또 그의 순국을 기려 하루 이틀 동안 밥을 짓지 않는 자도 있었다.

류도발은 국가가 위기에 처한 시기에 벼슬하지 않는 선비로서 국가가 일본에 빼앗긴 시점에 대의(大義)를 실천하고 대절(大節)을 세웠던 것이다. 일찍이 류성룡이 시를 남겨 후손들에게 충효를 강조했듯이, 류도발도 그 후손됨에 조금도 부끄러움이 없도록 충효에 힘쓰다가 갔다.

류도발이 단식 순국하자, 많은 선비들이 그를 애도하였는데 그 가운데 특히 이중업(李中業)의 제문이 눈길을 끈다. 자신의 아버지 이만도(李晩燾)가 단식하여 순국한 뒤 한 달 보름쯤 지나 같은 길을 떠난 류도발의 순국정신을 높이 기렸던 것이다.

> 아! 선생의 상(喪)과 우리 아버지의 상(喪)이 처한 상황은 비록 다르지만, 실천한 그 의(義)는 같습니다. 무릇 타고난 천성을 지니고 있는 자는 우리 아버지를 곡(哭)하는 것으로 선생을 곡하지 않음이 없고, 선생을 곡(哭)하는 자가 우리 아버지를 곡하지 않음이 없습니다. 하물며 선생의 아들이 된 자와 우리 아버지의 아들이 된 자는 어떠하겠습니까? …… 또한 들으니, 나라가 망함에는 필부마다 책임이 있다고 합니다. 만약 오늘의 필부마다 모두 선생의 마음을 가지고 선생께서 하신 일을 따른다면 나라를 되찾을 수 있을 것입니다. 그러므로 선생께서는 암혈(巖穴)에 고상하게 숨어사는 선비로서 홀로 이러한 정미한 뜻을 터득하시고 이처럼 지극히 어려운 일을 행하시어, 한편으로는 충정(忠貞)을 힘쓴 조상의 계통을 이으시고, 한편으로는 끊어진 인기(人紀)를 지탱했으

류도발 묘소(하회마을로 들어서는 입구 왼쪽에 있다)

> 니, 관직에 있는 자가 순직한 것과 견주어보면 더욱 어려운 일을 하신 것입니다. 이것은 좁은 소견으로 헤아릴 바가 아니나, 인(仁)을 구하여 인(仁)을 얻었으니, 반드시 후세에 정평(定評)이 있을 터, 오직 이를 기다릴 따름입니다.[13]

동병상련이라 했다. 자신의 아버지가 걸은 길을 그대로 뒤따라 간 류도발의 순국에 이중업은 남다른 감회를 쏟아냈다. 모두 자신의 아버지나 류도발과 같은 정성과 의로움을 가진다면 나라가 다시 되찾을 수 있으리라 확신하면서, 뒷날 높게 평가될 것이라 내다보았다.

대한이산묘(전북 진안). 류도발·류신영 부자의 위패가 모셔져 있다.

1911년 3월 22일(음 2.22.) 류도발은 고향 하회마을 동편 화산(花山) 자락에 묻혔다. 하회마을로 들어가기 전에 왼쪽으로 하회탈신굿놀이 전승관으로 꺾어 도는 곳, 그 언덕 위에 묘가 있다. 늘 가까이 지내던 이명상(李明翔)이 묘갈명(墓碣銘)을 지었다. 그의 신위는 전북 진안(鎭安)의 대한이산묘(大韓駬山廟)에 배향되었다. 정부는 1962년 건국훈장 독립장을 추서하였다.

2) 광무황제 고종의 장례에 순국한 류신영

(1) 순절지사 류도발의 아들로 태어나다

류신영(柳臣榮)은 1910년 순국한 류도발의 아들이다. 그의 자는 경부(敬夫), 호는 하은(霞隱), 또는 석간(石竿)이다. 그는 1853년(철종 4) 6월 17일 안동시 풍천면 하회리에서 태어났다. 어려서부터 영리하고 비범했던 그는 뜻이 크고 기개가 있었으며, 훤칠한 모습과 굳센 의지로 강직한 기백을 타고났다.

그는 일곱 살부터 공부를 시작하여, 매월 초하루마다 있던 강학(講學)시험에서 우수한 성적을 보였다. 조부 류진휘가 서울로 올라가 타지에서 벼슬살이를 하는 동안, 그는 하회에서 큰할아버지 류진황(柳進璜)을 비롯하여 집안 어른들로부터 가학을 이어받았다. 당시 대표적인 학자로 평가된 류도성(柳道性)의 가르침도 받았다.

그가 평소 가슴에 새긴 것은 오직 류성룡의 가르침인 충효였다. 그는 평소 생활하면서 항상 말하기를 "사람이 충효(忠孝)의 마음이 없으면 집에서는 도리에 어긋나게 행동하는 자식이 되고 나라에서는 임금을 반역한 신하가 될 것이다"라고 하였다. 또한 그는 "사람이 불의(不義)로 살기보다는 죽는 것이 낫다"고 하였다.

30대에 접어든 1884년 갑신정변이 터지자, 그는 비분강개하여 과거 준비를 그만두고 책만 읽었다. 1894년 동학농민군 수천 명이 용궁과 예천으로 몰려들자, 그는 분연히 나섰다. 스승이자 집안 아지씨인 류도성이 그에게 "동학도를 해산하는 대책은 오직 자네만이 담당할 수 있다"고 말했기 때문이다. 만 41세였던 그는 집안 자제들과 함께 마을과 면의 장정

916
풍천면사무소
풍산
풍산
하회리
병산서원
하회마을
광역리
안동
풍천
낙 동 강
914
안동시
풍 천 면
안동 일직
시·군 경계선
917
신평면사무소
의성군
덕암마을
신 평 면
의성
안평
덕봉리

덕암마을

500명을 거느리고 동학농민군의 근거지로 가서 대표를 만나 담판을 벌였다. 당시 예천의 동학농민군은 유림군과 격전을 치렀고, 수많은 사상자가 나올 정도였다. 그런 상황에서 벌인 대화가 성공하였고, 마침내 동학군이 물러섰다. 이로 말미암아 그의 명성은 널리 알려졌다.

한 해 뒤, 명성황후가 시해되고, 단발령이 내려졌다. 실제 지방에서 단발이 추진되자, 곳곳에서 의병이 일어났다. 안동과 예안에서 먼저 일어난 의병은 점차 주변으로 퍼져갔다. 제천에서 파견된 호좌의진(湖左義陣)의 소모장(召募將) 서상렬(徐相烈)이 류인석의 편지를 갖고 하회를 방문하여 의병에 동참하기를 권했다. 이번에도 류도성은 류신영을 앞세웠다. 류신영은 제천을 찾아 류인석을 만나 전략을 말했다고 전해진다. 1896년 1월(음 1895년 12월) 안동의병이 일어났고, 그곳에서도 류신영을 불렀다. 그 때 부친 류도발이 병석에 누워있어 그는 거듭 사양했으나 마침내 1차 안동의병인 권세연(權世淵) 의진의 참모가 되었다고 전해진다. 다른 기록에서 이 내용이 확인되지 않고 있지만, 그럴 가능성은 커 보인다.

1896년 그는 아버지를 모시고 하회마을에서 낙동강을 건너 남쪽으로 3킬로미터쯤 떨어진 의성군 신평면 덕봉리 덕암마을로 옮겨 살았다. 어지러운 세상을 피하기 위함이었다.

1905년 외교권을 빼앗겼다는 소식에 류신영 또한 분하고 분했다. 그는 세상을 등지고 책만 읽었다.

(2) 부친의 단식순절을 지키다

1910년, 마침내 나라가 무너졌다. 예안에서 이만도의 단식순절 소식이 들려왔다. 바로 이어 이면주가 음독 절명한 소식도 들려왔다. 아버지가 단식에 들어갔고, 17일 만에 세상을 떠났다. 류신영은 그 과정을 오롯하게 지켜냈다. 그는 자신의 눈 앞에서 숨져가는 아버지를 지켜보았다. 충효를 가장 높은 덕목으로 삼는 아버지의 뜻을 알고 있기에, 점차 사그라지는 아버지의 목숨을 지켜볼 뿐이었지만, 하루하루가 지옥 같은 나날이었다. 그러한 만큼 원한은 커져 마음 속에 큰 덩어리가 되어 갔다.

아버지가 돌아가시자, 그는 울부짖으면 사흘 동안 먹지도 마시지도 않았다. 아침저녁으로 슬프게 울부짖다가, 피를 토하기도 했다. 심할 때는 거리낌 없이 큰 소리를 지르는 일도 생겼다. 마음의 병이 깊어진 탓이었다. 부친의 뜻을 받들어 상례와 장례, 그리고 제례 모두 간소하게 줄였지만, 일제의 간섭 때문에 이마저도 다하지 못했다.

3년상을 마친 뒤, 그는 고향을 떠날 생각을 굳히고 1913년

류신영이 순국한 속리산 아래 장안면 봉비리.

충북 보은의 속리산을 찾아들었다. 속세와 인연을 끊을 작정이었다. 그가 '하은(霞隱)'이라는 호를 스스로 지어 부른 것이 이 무렵이다. 속리산을 광하산[曠(廣)霞山]이라고 부르기도 했는데, 거기에 숨어 산다면서 지은 것이다. 또 아버지 류도발이 순국을 앞두고 '회은(晦隱)'이라는 호를 지은 것과 이어지는 것이기도 하다.

그는 속리산에서도 세 번이나 옮겨 살았다. 1915년 겨울까지 속리산 천왕봉 아래 삼가리(三街里)에 살았고, 그 해 겨울에는 그곳에서 수십 리 떨어진 구병산(九屛山) 봉비촌(鳳飛村)으로 옮겼다. 다음에는 불목리(佛目里)였다. 그때마다 몇몇 문인들이 찾아와 배웠는데, 그는 충효를 근본을 두어 살도록 가르쳤다. 그 시절 오석도(吳錫燾)와 가까이 지냈는데, 뒷날 오석도가 류신영의 행장을 짓게 된 이유가 이 인연으로 류신영의 아들 류종묵(柳宗默)이 오석도에게 부탁했기 때문이었다.

(3) 광무황제 고종의 장례일에 순절하다

류신영은 아버지의 뒤를 이어 죽을 날을 찾았다. 그마저도 늘 일제 경찰의 감시를 받는 상태로 이어진 날이었다. 음력 설날이던 1918년 2월 11일, 일본 순사가 들이닥쳐 집에 있는 문서들을 압수해 갔다. 다음날 순사들이 류신영과 아들 종묵을 붙들어 갔다. 이들 부자는 보은군(報恩郡)으로 끌려가 경찰부에 갇혔다가 이틀이 지난 뒤 풀려났다. 조사 사유는 '충'(忠)을 대대로 숭상해왔다는 것과, 아직도 옛 법도를 지키고 있다는 것이었다.[14] 이런 것이 바로 일제의 정책을 따르지 않는 반항이자 위험 요소라고 일제는 판단했던 것이다. 잡혀있는 이틀 동안 류신영은 "이곳은 죽을 곳이 아니니 진실로 안심하고 조금도 조급해 하거나 망령되게 행동하지 말라"고 아들에게 말했다. 일제는 그들에게 통치정책에 따르라고 강요했다.

1919년 1월 21일에 광무황제 고종이 서거했다. 그 때 류신영은 충북 보은군 장안면 봉비리(鳳飛里)에 머물고 있었다. 이인선(李仁善, 또는 履道齋)과 아침저녁으로 만나 나라의 원수를 갚지 못한 것을 통탄하던 참이었다. 참판 이명상(李明翔)이 특별히 이인선에게 전보를 쳤고, 이인선이 그 사실을 류신영에게 알렸다. 류신영은 마을 사람들과 봉비리 뒷산에 올라 크게 곡하였다.

그는 광무황제가 독살되었다고 들었다. 윤덕영(尹悳榮)·이완용(李完用)·한상학(韓相鶴)·민병석(閔丙奭) 등이 금가루를 예주(醴酒)에 타서 올린 것을 황제가 마시고 붕어하였다는 것이다. 이 소식을 들은 그는 상경하여 상소를 올려 제도를 바로 세우고 역적을 토벌하여 춘추대의를 펴려고 계획하였다. 류신영은 눈물을 흘리면서 "500년 종묘사직이 여기에서 무너지려는가? 그러나 황제의 관이 모셔진 빈전(殯殿)에 가서 한 번 의(義)를 펴는 것이 마땅하지 않겠나"라고 말하며, 동지와 함께 서울에 올라가 창덕궁(昌德宮) 융희황제에게 글을 올려 적을 토벌하고 원수를 갚는 의리를 다하려고 다짐하고 상소문을 지었다.[15] 그러면서 집안 동생 류만식[柳萬植, 류도석(柳道奭)의 아들, 류주목(柳疇睦)의 손자]과 영남유림에 편지를 보내어 날을 정하여 복합상소를 올리자고 논의하였다. 그가 직접 가려는 것을 아우 류동준(柳東濬)이 나서서 말리는 바람에, 상소는 아들 종묵이 갖고 상경하였다.

류신영은 소식을 전해준 이인선에게 대응 방법을 말했다. 내용은 두 가지였다. 하나는 자신이 나이가 많아 기여할 수 없어 목숨을 바쳐 나라 원수 갚는 방법을 찾겠다는 것이고, 다른 하나는 의친왕을 중국 상하이(上海)로 망명시켜 나라 되찾을 계획을 세우라고 권한 것이다.[16] 여기에서 자신에게 마지막 선택의 기회가 왔다고 판단한 것을 헤아릴 수 있다. 또 그 때 중국 상하이가 망명 대상지라는 사실을 그가 알고 있었고, 의친왕을 망명시켜야 한다고 생각했던 점도 알 수 있다. 실제로 의친왕은 1919년 가을에 중국 망명을 시도했다. 그런데 3·1운동이 일어나기 이전에 벌써 류신영이 상하이와 의친왕 망명에 대해 생각하고 있었다면, 이러한 이야기가 민중들 사이에 이미 돌고 있었다고 봐야 할 것이다.

그는 마음을 굳혔다. 광무황제 장례가 치러지는 날이야말로 자신이 목숨을 끊을 날이라고 다짐했다. 그 날은 1919년 3월 3일(음 2.2.)이었다. 그는 자신이 결심한 뜻을 나채정(羅采正, 호는 溪隱)에게 편지로 알렸다.

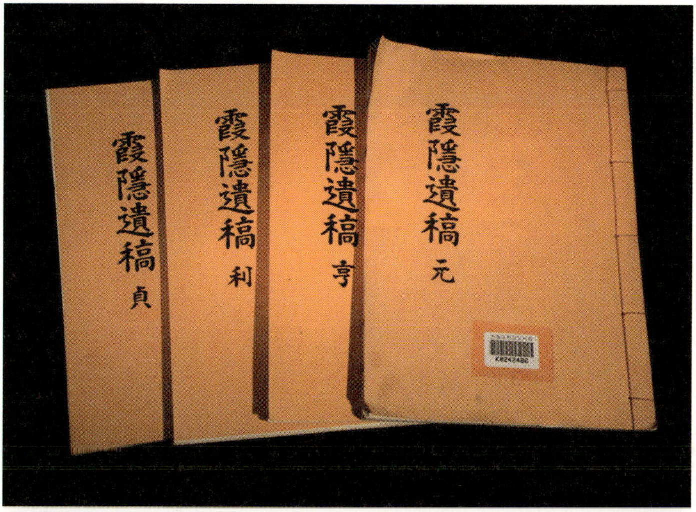

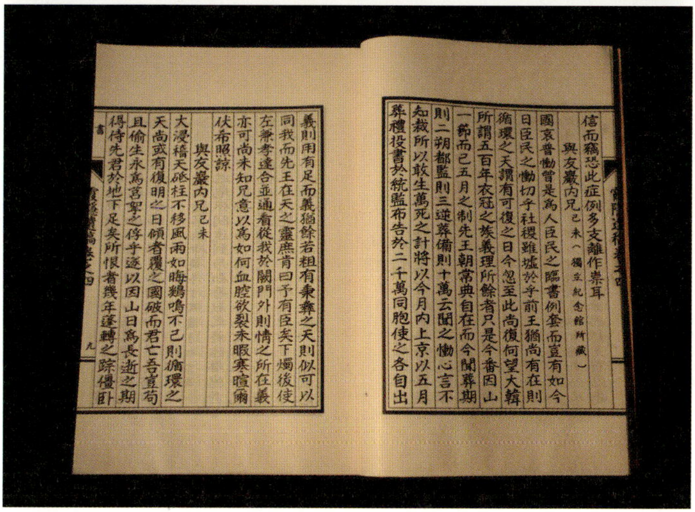

류신영의 문집 《하은유고》(위)와 〈학우〉(아래)

나라가 무너지고 임금이 망했는데 역적을 토벌하고 원수를 갚을 계책이 없다면 차라리 죽는 것이 편안합니다. 이에 인산날을 길이 떠나갈 기일로 삼으니, 바라건대 스스로 아끼어 가호(加護)하시고, 때로 외롭게 남을 저의 아이를 불쌍하게 여겨 거두어주시면 또한 붕우의 도(道)에 반드시 어여삐 여기고 미더운 것이 될 것입니다. 죽는 날이 이에 절박하여 길게 쓰지 못하겠습니다.[17]

또 그는 외사촌 형이자 함께 공부한 가일마을의 권준희(權準羲)에게 편지를 보냈다. 출처와 대의에 대한 의견이 여기에 담겼다.

대한은 이른바 5백 년 문화의 겨레인데 의리가 남아 있는 바는 다만 이번의 인산(因山) 한 번 뿐입니다. 5개월 복제는 선왕조(先王朝)의 법으로 그대로 있는데, 지금 들으니 장사 기간은 두 달이고 도감(都監)은 세 역신이 맡았다고 하며 장사비용은 10만이라고 합니다. 이를 듣고 마음이 애통하여 말을 조절하지 못하고 감히 만 번 죽겠다는 계획을 세워 장차 이 달 안에 상경하여 5개월 장례를 지내야 한다는 내용의 편지를 통감에게 보내고 2천만 동포에게 알리어 각자 의(義)를

> 낸다면 쓰임에 넉넉함이 있고 의가 오히려 남음이 있을 것입니다.[18]

이어서 그는 권준희에게 자결하겠다는 뜻을 밝혔다.

> 나라가 무너지고 임금이 망하니 내가 어찌 구차하게 살기를 도모하여 길이 왜(倭)의 포로가 되겠습니까? 드디어 인산일을 이 세상을 떠날 기회로 삼아 지하에 가서 아버님을 모시는 것이 좋겠습니다. 한스러운 것은 몇 년 동안 정처 없이 떠돌아다니는 자취로 궁산(窮山)에 빌린 집 속에 누워 있는 처지라, 아들과 손자, 아우와 조카 등 가까운 내외친척 가운데 한 사람도 곁에서 시신을 수습할 수 없으니 어찌하겠습니까?[19]

아들은 서울에 가서 인산에 참가하고 있었기 때문에 자신이 자결하면 뒤를 돌봐 줄 인물이 필요했다. 때문에 가까운 가일 마을에 사는, 외사촌 형이자 함께 공부한 권준희에게 사정을 알린 것이다. 그는 광무황제 고종의 발인제가 있던 1919년 3월 3일, 산에 올라가 북향하여 망곡(望哭)하였다.

그는 순국하기 전에 유서 세 통을 남겼다. 아들 종묵, 동생 류동준, 그리고 이상보(李相輔)에게 시집간 딸 이실(李室)에게 각각 남긴 것이다. 우선 류신영은 아우 류동춘에게 아이들과 손자를 잘 가르쳐줄 것을 부탁하였다. 우선 아우에게 편지를 보내 광무황제 고종의 장례에 적극 참여하라고 권했다. 그는 인산을 계기로 온 국민이 궐기하기를 바랐다. 자신의 가족부터 시작하여 집안으로 퍼트리고, 또 여러 문중으로 확대되어 독립운동이 퍼져가기를 기대하였다. 이러한 류신영의 당부는 거족적인 민족독립운동인 3·1독립운동에 적극 동참하라는 호소이기도 했다.

> 도성 안에는 여대(輿儓)와 하천(下賤)들이 땅을 치고 하늘에 울부짖으며 통곡을 하는 자가 몇만 명인지 알지 못하고 제복을 갖추고 와서 곡하는 자가 또한 얼마인지 알지 못하고 3일 동안 파시(罷市)했다고 한다. 이 고을의 한 민촌(民村)에서도 부음을 들은 후 남녀노소가 종일 산에 올라가 망곡(望哭)을 한다고 하니 인심이 가상하다. 편지를 본 뒤 동지와 함께 상의하여 병산(屏山)으로부터 동쪽으로 각 문중에 통문을 보내 기일을 정하여 일을 다 하여 대궐문 밖에서 나를 따라준다면 다행일 것 같은데 어떻게 기약할 수야 있겠는가? 우천(愚川)은 건일[健一, 류만식(柳萬植)의 자]의 사촌에게 또한 이러한 뜻으로 편지를 보냈으니 이미 전달이 되었을 따름이다. 편지로는 말을 다 할 수

없고 말로는 뜻을 다 표현할 수 없으니 다시 어찌 길게 늘어놓겠는가?[20]

서울에서는 신분이 낮은 사람도 관직도 모두 곡하고, 시장도 문을 닫았으며, 온 나라 곳곳에서는 백성들이 망곡하고 있다는 정황을 적고 있다. 그러면서 그는 혼자 자결하는 것이 아니라, 아울러 주변에 독립운동에 동참하라고 요구한 내용이 이 글에 담겨있다. 하회를 비롯하여 류진(柳袗)의 후손들이 세거해 온 상주의 우천(愚川), 그리고 안동의 이름 있는 여러 문중이 이 독립운동에 동참할 필요가 있음을 역설한 것이다.

그는 동생 류동준에게 쓴 유서에서 황제의 인산일을 죽는 날로 삼아 지하에 가서 돌아가신 아버지를 뵙고 평생 불효의 한을 갚고 싶다는 내용을 전했다. 그러면서 아들과 손자, 아우와 조카가 한 사람도 옆에 없어 시체를 거두지 못하게 될 사정을 말하면서, 아이들과 손자들을 잘 가르쳐주기 바란다고 당부하였다.

아들 류종묵에게도 당부할 말을 남겼다. 자신도 9년 전에 아버지의 단식순절을 지키면서 매일 가슴 찢어지는 고통을 당했었는데, 이번에는 자신의 아들이 그 일을 당하게 될 것을 그는 헤아렸던 것이다. 어찌 답답하고도 비참한 일이 아니겠는가. 그는 아들에게 애써 담담하게 마지막으로 글을 썼다.

> 돌아가신 아버지께서 의(義)에 죽기로 맹세하시던 날, 내 어찌 따라서 죽고 싶지 않았겠나? 우리 임금께서 위에 계시어 오히려 의병 일으키기를 바라는 마음이 없지 않았다. 지금 역신(逆臣) 무리들이 임금을 독시(毒弑)하였는데도 적을 토벌하여 복수할 힘이 없으니, 하늘을 함께 이고 구차하게 생활하는 것이 또한 비루하지 않는가? 이에 인산일인 3월 3일에 독을 마시고 죽어 지하에서 돌아가신 아버지를 모시고 평생 불효했던 한을 조금이나마 펴도록 하련다.

아들에게 남긴 유서는 이렇다. 먼저, 1910년 부친이 단식하던 날, 함께 단식하여 가고 싶었지만, 3년상이라는 의리를 지켜야 하고, 또 황제가 살아있어 기회가 생길지도 몰라 뒷날을 기다렸는데, 이제 그 황제마저 독살되어 장례를 맞이하니 엎드려 울면서 하직하고 지하에서 아버님을 모시겠다는 것이다. 다음으로 장례는 우리 땅에서 생산되는 명주와 삼으로 소박하고 검약하게 치르라고 당부했다. 또 관도 미리 준비한 것이 없으니 얇은 것이라도 무방하다고 썼다. 또 제상에 올리는 다과는 절대로 저들의 물품을 쓰지 말며, 상 위에 담뱃대를

두는 것도 이상하니 본받지 말라고 당부하기도 했다.[21]

그는 며느리에게도 한글로 된 유서를 남겼다.

> 계남 어미야, 너의 체면이 대단히 커서 능히 가지 못하고
> 나라가 없으나 임금은 있어 행여 복국(復國)될까 기다렸더니,
> 지금은 상황 돌아감이 어디에도 둘 데가 없으니, 어찌 살겠노.
> 이러므로 인산일에 죽기를 작정하니 이 세상은 하직이다.
> 너의 후사는 네 요량대로 작정하여 남의 집의 구하게 하고
> 잘 지나면 나중 복록이 얼마 남지 않은 목숨을 방지할 것이다.
>
> 아비영결서.

류신영은 딸 이실에게도 유서를 남겼다. 세상을 떠나는 이유는 다른 사람에게 주는 글과 같았다. 나라가 없어졌으나 임금이 계시어 광복을 기다렸지만, 상황이 그렇지 않아 몸 둘 곳이 없기에 인산일에 세상을 하직한다고 적었다.[22]

류신영은 드디어 자정순국하였다. 3·1독립선언과 만세운동 이틀 뒤, 광무황제 고종의 장례일인 1919년 3월 3일(음 2.2.) 저녁 무렵[戌時]이었다. 만 66세, 의(義)를 몸으로 실천한 것이다. 마지막으로 은거하며 지내던 충북 보은군 장안면 봉비리가 순국 장소였다. 속리산 남쪽에 있는 구병산의 서쪽 자락이

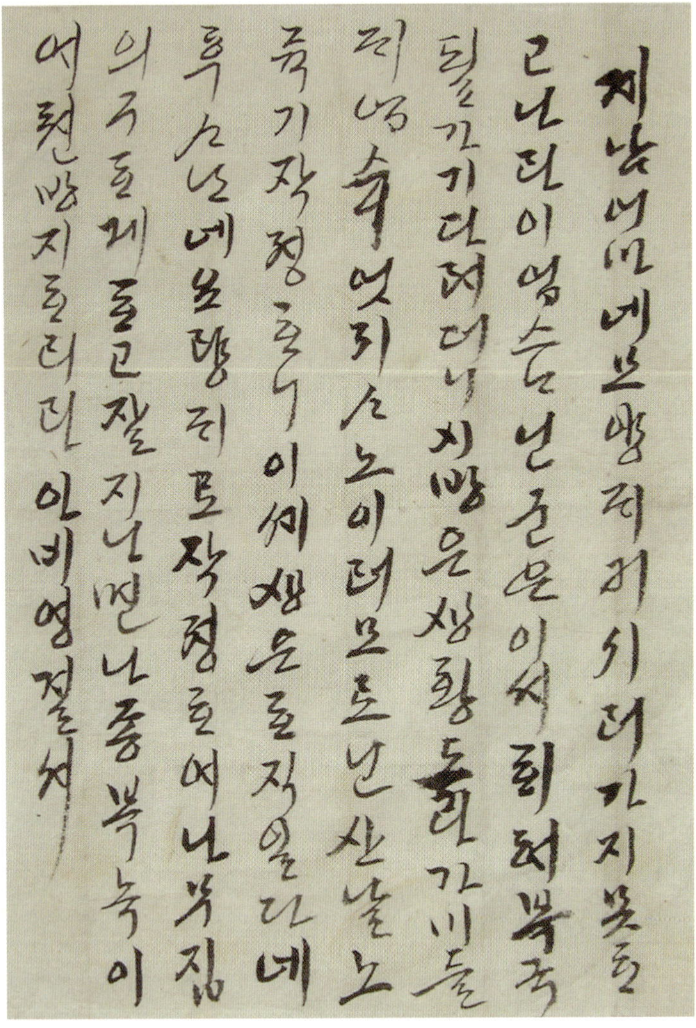

류신영이 며느리에게 남긴 유서

그곳이다.

그가 자결했다는 소식이 전해지자, 주재소장이 와서 확인하고 경찰서에 알렸다. 그러자 경찰서장이 차석과 의생(醫生)을 데리고 와서 조사하였다. 관리가 사인을 조사한다고 9일까지 염습하지도 못했지만, 모습은 평소와 같았다. 순국한 지 13일이 지난 3월 16일에 아들 류종묵은 일본 경찰에 잡혀가 구속되었다. 그리하여 예를 갖춰 장례를 치르지도 못하고 우선 봉비촌(鳳飛村) 뒤에 임시로 장사 지낼 수밖에 없었다. 장례에 충청·경상도 선비가 천 명 넘게 모였다.[23] 그는 1945년 광복한 뒤 대덕군 진잠면(鎭岑面) 방동리(芳洞里, 현 대전시 유성구 방동) 삼한산(三翰山)에 묻혔다. 계룡산에서 동남쪽으로 5킬로미터쯤 떨어진 곳이다.

류신영의 순국 소식에 많은 사람들이 탄식하며 말했다. "아버지는 나라를 위해 죽고, 자식은 임금과 아버지를 위해 죽었으니, 참으로 충효가세(忠孝家世)이다." 아버지 류도발은 충(忠)에 순사(殉死)하고, 아들은 충효(忠孝)에 순사하였다는 말이다.[24] 그의 위패는 아버지와 마찬가지로 전북 진안군 마령면 마이산에 있는 대한이산묘(大韓駬山廟)에 모셔졌다. 정부는 1968년 대통령표창을 추서했다가, 1991년에 제도가 바뀌어 건국훈장 애국장을 드렸다.

1) 이 글은 권오영 교수의 강연 원고인 〈항일애국지사 류도발、류신영 부자의 삶과 순국〉(안동향교、성균관유도회안동지부, 안동독립운동가 추모학술강연회, 2002)을 참고하여 작성한다.

2) 《晦隱遺稿》 卷4, 祝文, 梁泉寺祝願文 辛巳高原侍湯時.

3) 《晦隱遺稿》 卷1, 雜著, 學要說.

4) 《晦隱遺稿》 卷3, 序, 屛山書院講會序.

5) 《晦隱遺稿》 卷1, 雜著, 時務便私論.

6) 《晦隱遺稿》 卷1, 詩,

7) 《晦隱遺稿》 卷4, 祝文, 合邦後埋主祝.

8) 《晦隱遺稿》 卷1, 詩, 自歎.

9) 《晦隱遺稿》 卷1, 詩, 憶三從姪士輝蘭榮.

10) 《晦隱遺稿》 卷1, 詩, 又.

11) 《晦隱遺稿》 卷3, 銘, 自銘.

12) 《晦隱遺稿》 卷3, 識, 晦隱識.

13) 《起巖遺稿》 第11册, 祭文, 祭晦隱柳公文; 《晦隱遺稿》 卷7, 附錄, 祭文(李中業).

14) 《霞隱遺稿》 卷4, 書, 寄舍弟時山 戊午正月初五日.

15) 《霞隱遺稿》 卷4, 疏, 戊午十二月上皇賓天及聞逆臣輩毒弑之變宮內服制計日之報馳書湖嶺章甫期以聲討逆臣亟正邦禮約日伏閤來赴者三百餘人臨時疏首柳萬植 己未正月二十七日; 卷4, 祭文, 路奠祭文 己未.

16) 《霞隱遺稿》 卷5, 附錄, 文獻錄, 石竿柳公行歷.

17) 《霞隱遺稿》 卷4, 書, 與羅溪隱采正 己未.

18) 《霞隱遺稿》 卷4, 書, 與友巖內兄 己未(독립기념관 소장).

19) 《霞隱遺稿》 卷4, 書, 與友巖內兄 己未.

20) 《霞隱遺稿》 卷4, 書, 寄舍弟時山 己未.

21) 《霞隱遺稿》 卷4, 書, 遺書寄兒 宗默(本孫時洛家藏).

22) 《霞隱遺稿》 卷4, 書, 遺書李室(한글편지. 원본은 독립기념관 소장).

23) 《霞隱遺稿》 卷5, 附錄, 家狀.

24) 《霞隱遺稿》 卷5, 附錄, 霞隱柳先生忠義傳.

6

1910년 순국 대열을 이어간 3인 - 권용하·이현섭·김택진 -

1) 권용하

이만도가 순국하기 하루 전, 권용하(權龍河, 1847~1910)라는 인물이 순국했다. 그는 1910년 10월 9일(음 9.7.) 종제(從弟)로부터 나라가 망하고 일제의 식민지가 되었다는 소식을 전해 듣자, 통분하여 기둥에 머리를 부딪쳐 피를 흘리고 사망하였다. 10월 9일이라는 시점은 이만도가 단식에 들어간 지 23일째 되는 날이자, 이만도가 순국하기 하루 전이다.

그의 본관은 안동, 자는 현필(賢弼), 호는 월곡(月谷)이다. 별장공파로, 권춘란(權春蘭)의 후손이며, 참판을 지낸 권태일(權泰一)의 8세손이다. 고조부는 익갑(益甲), 증조부는 만중(萬中), 조부는 경(景), 부친은 용양위(龍驤衛) 부호군(副護軍)을 지낸 도협(道浹)이다. 그런데 권용하에 대한 기술이 엇갈

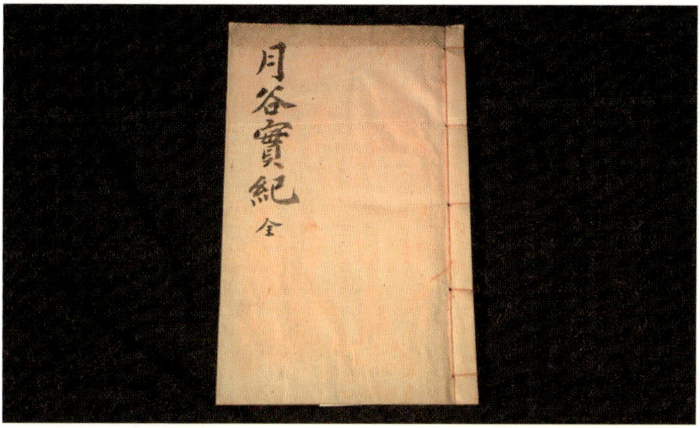

《월곡실기》(권용하의 글이 담겼다)

리는 부분이 있는데, 출신지와 관직 여부다. 안동시 와룡 출신이라거나,[1] 의성군 신평면 월소(月沼) 사람이라 하는 등,[2] 출신지가 엇갈려 전해진다. 또 귀가 먹은 인물이라거나,[3] 1893년 선략장군겸사헌부감찰(宣略將軍兼司憲府監察)을 역임했다거나,[4] 사헌부 감찰을 지냈다는 기록도 보인다.[5]

귀가 먼 인물이라면 애초에 관직생활이 불가능했을 터이다. 《조선왕조실록》이나 《일성록》에서는 관직기록이 확인되지 않는다. 그렇다고 채산(蔡山) 권상규(權相圭)가 그의 행장을 썼다는 것으로 보아 터무니없이 만들어진 이야기는 아닌 것 같다. 엇갈리는 사실을 다시 정리하면, 권용하가 관직생활을 하다가 늙으면서 귀가 머는 장애를 가지게 되었고, 그 뒤로는 농촌에서 조용히 살았다는 것이 아닐까 한다.

권용하는 은거하여 남들과 쉽게 어울리지 않아, 세상 돌아가는 것을 몰랐다. 그런데 어느 날 종제 권용혁이 찾아와 일제에 나라가 넘어가고, 2천만 동포 모두 이제 일본의 신하가 되었다고 전해 주었다. 이에 권용하는 정말인가 물었다. "지금 방방곡곡에 방이 붙었는데, 자네가 듣지 못했구나." 권용하는 권용혁의 말을 모두 듣기도 전에 통곡하며 "나라가 이미 망했으니 살아 무엇 하랴"라고 말하면서 갑자기 기둥에 머리를 세게 부딪쳤다. 피가 급하게 솟구치면서, 그는 곧 사망했다.

2) 이현섭

이현섭(李鉉燮)도 1910년 순국한 인물이다. 본래 군위군 학금면(學今面) 중리(현 군위군 효령면 중구리) 출신으로 알려졌지만,[6] 안동시 풍천면 갈전동(葛田洞) 원당(元塘) 출신이라는 기록도 전해진다. 조상의 세거지가 군위인데, 본인은 안동에서 태어났을 수도 있겠고, 아니면 젊어서 군위에서 안동으로 옮긴 것일 수도 있다. 그러다가 1894년 무렵에 예안현 토계리[현 안동시 도산면(陶山面) 토계리(土溪里)] 양평(陽坪 또는 良坪) 마을로 다시 옮겼고, 그곳에서 최후를 맞았다. 그의 본관은

군위에 살던 집터(위), 안동 풍전면 갈전에 살던 집(아래)

연안이고, 자는 서규(瑞圭)이며, 호가 우헌(愚軒)이다. 1844년 10월 26일 이용연(李龍淵)의 셋째 아들로 태어난 그는 생김새가 뛰어나고 기질이 비범하였다.[7]

이현섭은 18세에 서울로 가서 공부하다가, 세상 돌아가는 형국이 마음에 들지 않아 과거에 응하지 않고 고향으로 돌아왔다. 그러다가 1885년 증광시(增廣試)에서 소과에 합격하여 진사가 된 뒤, 그저 시골집을 지키며 살았다. 그 해 12월 1일 큰형인 진사 이현무(李鉉懋)와 함께 옥에 갇혀 두 달을 고생했는데 그 이유는 알려지지 않았다. 이듬해 1886년 2월 9일에는 평안도 철산으로 유배되었는데, 큰형은 춘천으로 유배되어 4년을 보내고, 이현섭은 1889년 1월 유배에서 풀려나 고향으로 돌아왔다.

1894년 갑오변란이 일어나자, 그는 가족들을 이끌고 도산면 토계리 양평마을으로 옮겼다. 또 그가 청량산을 향해 집을 옮겼다고 적혀 있는데, 실제로는 퇴계 종가 바로 이웃에 터를 잡은 셈이다.[8] 이 마을은 도산면사무소와 퇴계 종택의 중간 지점에 있다. 양쪽에서 모두 1킬로미터 남짓 떨어진 곳이다. 그러니 퇴계 문중과도 밀접한 관계를 갖고 움직이게 되었다. 1901년 도산서원의 위패가 훼손되는 사건이 생겼을 때, 그가 유생 대표 가운데 한 사람으로 상경한 것도 이와 관련이 있을 것 같다. 퇴계문중의 본손 대표들과 더불어 상경하고, 광무황제 고종으로부터 위패목을 하사받아 돌아오는 일에 함께 참여한 것이다.

1910년 나라를 잃자, 그는 마침내 자신이 최후를 맞이할 때가 왔다고 판단했다. 만 66세, 그 동안 뜻을 펴 본 적이 별로 없었다. 하지만 선비로서 지켜야 할 의리만은 분명했다. 9월

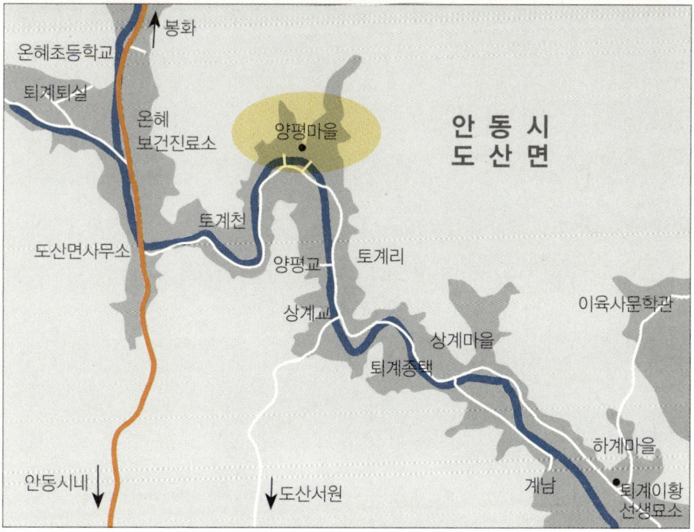

이현섭이 단식순절한 양평마을

8일(음 8.5.)부터 점심을 거르고 아침저녁도 몇 숟가락 뜨는 것으로 줄였다. 가족들은 그 이유를 알지 못했다. 그가 남긴 자탄시(自嘆詩)는 그의 마음을 고스란히 전해준다.

내 나이 칠십에 가까운 몸이	年近七旬身
품었던 작은 뜻을 펴본 적이 없구나	寸心一未伸
차라리 내 목을 자를지언정	吾頭寧可斷
어찌 오랑캐의 백성이 될 수 있으랴	忍作犬羊民

며칠 지나지 않아 이만도의 단식 소식이 들려왔다. 자신도 날짜를 짚어보았다. 10월 10일 이만도가 순국했다는 소식에 이어 다시 이중언이 단식을 시작했다는 소식이 거듭 들려왔다. 바로 이웃에서 벌어진 일이다. 10월 17일(음 9.15.) 그는 흐느껴 울며 아들 봉영(鳳永)과 근후(根厚)에게 말했다. "내가 나라의 변란 소식을 들은 뒤, 사람 보기 부끄럽고 하늘 우러러 죄스러웠다. 내 어찌 원수의 백성이 되랴. 내가 임금을 모시지 못했고 죽음으로 나라를 구하지도 못했으니, 이제 다만 자정하여 욕되게 살려하지 않으니, 더 말하지 말라"고 말하자, 모시던 장조카와 아들의 애원으로도 더는 어찌할 수가 없었다.

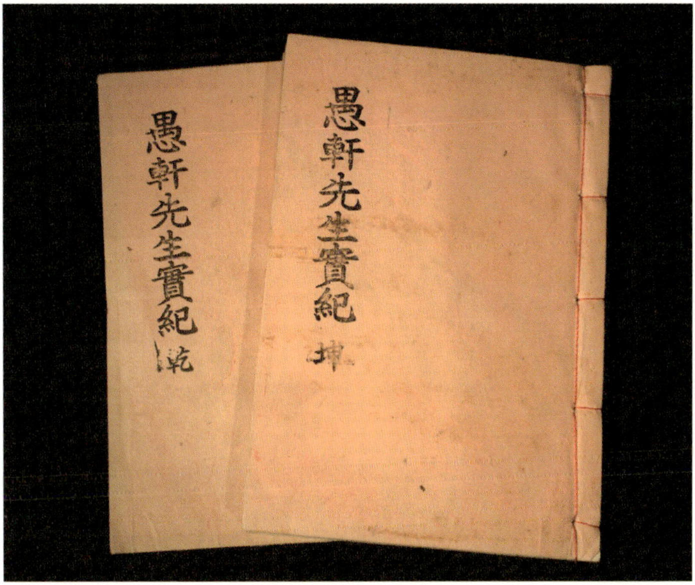

이현섭의 글을 모은 《우헌선생실기》

11월 2일(음 10.1.) 단식을 시작하려다가, 조부 제삿날이 있어 닷새를 늦추고 6일 마침내 단식에 들어갔다. 나흘이 지난 11월 10일(음 10.9.), 안동부 객사에 모셔진 전패(殿牌)가 훼철됐다는 소식이 들려왔다. 원래 왕이나 황제의 영정을 대신하여 나무로 만들어진 전패가 지방 객사 한가운데 모셔져 있었다. 출장한 관원이나 지방 수령은 왕이나 황제를 뵙듯이 거기에 예를 올렸다. 그런데 그 전패가 남쪽으로 옮겨졌다는 것이다. 나라가 망했으니, 통치자 군주의 상징을 제거한 것이다. 이 소식을 들은 이현섭은 바깥에 자리를 펴라고 일렀다. 몸을 씻고 의관을 갖춘 그는 남향하여 통곡하며 네 번 절했다. 그리고서 그는 장조카 인영(麟永)을 불러 "나라의 전패가 이런 형편에 집에 조상 신위를 모시는 것은 마음 편한 일이 아니다. 처음 변을 들었을 때 신위를 묻고 싶었지만 그러질 못했는데, 다시 이런 변고가 또 닥치니, 이제 그만둘 수 없구나"라고 울분을 토했다. 그러자 장조카 인영은 울며 물러나 드디어 신주를 묻었다. 이현섭은 스스로 글을 지어 조상께 통곡하며 그 사실을 아뢰었다.

단식을 시작한 지 여러 날이 지나자, 소문이 점차 퍼져갔다. 11월 13일(음 10.12.) 일본인 아타 나카이치(阿多中一)가 순사 2명을 데리고 나타났다. 이 사람은 바로 이만도와 이중언의 단식 현장에 나타났던 바로 그 인물이다. 그들은 단식 사실을 확인하고, 그가 민적에 등재되지 않은 이유를 물었다. 모시고 있던 아들 봉영(鳳永)이 "어른께서 왜인의 장부에 이름 올리지 않는 이유는 오직 의로움 때문이라고 말씀하신다"라고 답했다. 그러자 직접 뵙고 싶다는 이야기를 전해들은 이현섭은 한인 순사는 만나겠으나, '일본 오랑캐[日酋]'는 만날 수 없다고 잘라 말했다. 그러자 이만도와 이중언에게도 그랬

듯이, 일본인 아타 나카이치는 칼을 풀고 모자를 벗어 애써 예의를 갖춘 듯이 모양새를 갖추고는 만나려고 들었다. 그러자 이현섭은 크게 꾸짖었다.

> 우리나라와 너희 나라가 무슨 원수로 임진년의 병욕(兵辱)과 갑오의 변란에 이어 을미년에는 국모(國母)에게까지 화(禍)를 미치게 하고, 마침내 간당(奸黨)들을 꾀어 억지조약(條約)을 체결하고 국토(國土)를 송두리째 빼앗았나? 내가 능히 한 손으로 하늘을 돌리지 못하나, 어찌 몸을 욕되게 굽혀 원수와 함께 하늘을 같이 할 수 있겠느냐! 장차 몸을 깨끗이 하여 지하(地下)에 돌아가서 선왕(先王)의 백성이 되리니, 너는 빨리 물러나가 내 마음을 편하게 하라.

여기에서 말하는 갑오년의 변란은 1894년 6월 21일 일본군이 경복궁을 점령하여 수모를 겪게 만든 일이다. 일제는 이미 이날 국모 시해를 기도했다가 고종의 결사적인 저항에 밀려 한 걸음 물러섰다. 그리고서는 이틀 뒤 청군을 기습하여 청일전쟁을 일으켰다. 일제는 그 전쟁을 끝내면서 국모를 시해하는 을미사변을 일으켰다. 다시 10년 뒤 외교권을 빼앗고, 이제 마지막으로 나라를 앗아갔다. 그런 원수와 어찌 같은 하늘을 두고 살아간단 말인가. 오랜 단식으로 기력이 모두 쇠진하여 도저히 움직일 수도 없다고 생각되던 인물이 갑자기 일어나 청천벽력 같이 꾸짖고 나서니, 일본인은 당황할 수밖에 없었다. 아타가 급하게 물러나면서 "정말 호랑이 같은 사람을 보았다"고 말했다는 이야기는 바로 그 장면을 두고 한 말이다. 그의 마지막 모습을 일지로 담아낸 〈고종일기〉(《우헌선생실기》에 수록) 또한 그렇게 전한다. 참으로 범 같은 인물이다.

그는 단식하면서 모시는 사람들에게 몇 가지를 당부하였다. 우선 장례를 간소하게 지내라고 거듭 일렀다. 국가의 종묘사직이 없어지는 이 마당에 한 선비의 장례에 매달리지 말라고 당부한 것이다. 상례와 장례, 그리고 제례에 대해서도 방향을 일렀다. 또 집안 사당에 모셔진 조상의 위패를 묻고, 자신의 혼백(魂魄)도 만들지 말라고 가르쳤다.

단식을 시작한 지 21일 만인 11월 26일(음 10.25.), 그는 마침내 최후를 맞았다. 이 날 낮에 아들과 조카의 부축을 받아 일어나 앉은 그는 옷을 갖추어 입고 서쪽으로 앉아 문을 열게 한 뒤, 생을 마감하였다.

양평마을에서 퇴계 종가까지나, 다시 그곳에서 하계마을까지나 거의 비슷하게 떨어진 곳이다. 그러니 1910년 가을에

토계천이 흘러 낙동강으로 접어드는 그 골짜기에서 한꺼번에 세 선비가 순국한 것이다.

순국 소식이 알려지자 수많은 조문객들이 방문하여 애도를 표했다. 그 뜻을 따르는 집안사람과 동문수학한 벗들, 그리고 제자들이 돈을 거두어 원양계(元陽契)를 만들고 논과 밭 3천 평 정도를 구입하여 그 수입으로 해마다 몰래 음력 10월 15일에 양평리에서 추모회를 열었다. 하지만 광복 이후 농지개혁으로 분배되는 바람에 그 전통은 끊어지고 말았다. 정부는 1962년 건국훈장 독립장을 추서하였다.

3) 김택진

김택진(金澤鎭, 1854~1910)은 안동시 풍산읍 소산리에서 태어났다. 본관은 안동, 자는 윤부(潤夫)이다. 그는 1891년 진사시에 합격한 뒤 고향에 터를 잡고 살았다. 김택진은 나라가 점점 어려워짐에 따라 가슴만 답답할 뿐 마땅한 대응책을 찾지 못해 고민하였다. 마침 의병이 일어나고 이강년의진이 움직이자 그 또한 여기에 참가했다고 전해진다. 대개 안동에서도 서쪽 지방에서는 이강년의진에 참가하는 경우가 많았다.

1910년에 나라가 망하자, 그는 목숨을 끊겠다고 다짐했다. 차라리 죽을지언정 왜놈의 부귀를 탐하지 않겠노라고 선언했

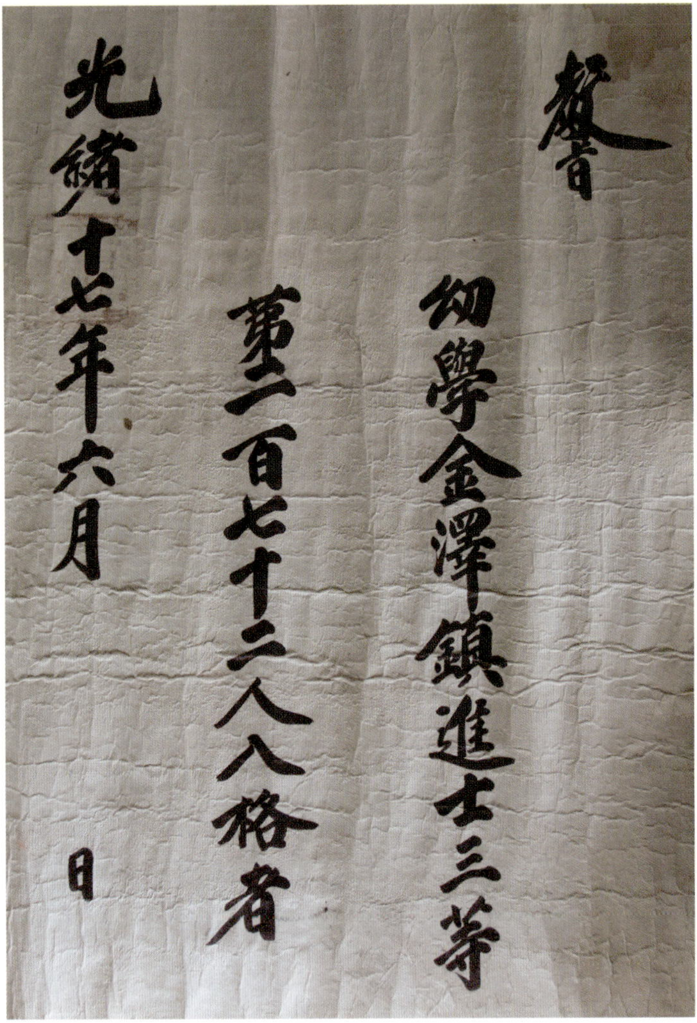

敎旨

幼學金澤鎭進士三等

第二百七十二人入格者

光緖十七年六月 日

김택진 진사 교지

소산 경관

다. 그래서 가족들에게 "천만금이 생겨도 친일행위를 하지 말라"는 유언을 남겼다. 단식에 들어간 지 21일 째인 11월 28일(음 10.27.)에 만 56세라는 젊은 나이로 순국하였다.[9]

---

1) 송지향, 《安東鄕土誌》, 424쪽; 金乙東, 《安東版獨立史》, 125쪽.

2) 국가보훈처, 《독립유공자공적조서》.

3) 송지향, 《安東鄕土誌》, 424쪽; 金乙東, 《安東版獨立史》, 125쪽.

4) 정묘년(1987년으로 추정) 동지에 풍산 김씨 풍산(豊山) 김세락(金世洛)이 쓴 〈行狀〉.

5) 권오훈, 《안동권씨대동세보》 26, 도서출판 해돋이, 2004, 216쪽.

6) 송상도, 《騎驢隨筆》, 국사편찬위원회, 1955, 189쪽.

7) 이현섭에 대한 글은 김호규(金浩奎, 의성 김씨), 〈愚軒先生 略史〉(1976)를 참고한다.

8) 宋相燾, 《騎驢隨筆》, 국사편찬위원회, 1955, 190쪽.

9) 金乙東, 《安東版獨立史》, 124쪽.

7

순국의 길을 간 안동문화권 사람들

안동에서 순절하는 인물이 거듭 나오자, 주변에서도 이를 따르는 이들이 생겼다. 사실 안동과 안동 아닌 곳으로 구분할 수가 없다. 함께 이 길을 택한 봉화의 이면주나 영양의 김도현 또한 사실은 모두 안동인이라고 부를 수 있기 때문이다. 이면주의 옛 본적을 보면 '안동 내곡'이라 적혀 있다. 이는 당시 내곡이 안동에 속했기 때문이다. 또 영양군 청기면의 김도현도 순국의 길을 앞장선 이만도의 제자다. 전기 의병에서도 예안의 선성의진 중군을 맡았던 그였다. 그러니 이들 모두 안동문화권 인물이라 할 수 있다. 요즘 행정구역으로 말하여 안동이다 아니다 하고 말하는 것은 그 때 사정과 정서를 몰라서 내뱉는 말이다.

1) 이면주

이면주(李冕宙, 1827~1910)는 봉화군 법전면 내곡리 출신이다. 본관은 전주, 어릴 때 이름은 석우(錫宇), 자는 윤래(允來), 호는 계은(桂隱)·하계(霞溪)였다. 그는 조선 제3대 임금인 태종의 아들 온양군(溫陽君)의 후손이며, 이치두(李致斗)의 아들이다. 그의 스승은 김숙(金熽)이다.

그는 1850년 증광문과에서 병과로 급제하여 순강원수봉관(順康院守奉官)이 되었다. 그 뒤로 전적·지평·이조좌랑을 거친 뒤, 1860년 자여도찰방(自如道察訪)이 되었다.[1] 그 뒤 1862년 모함에 빠져 무주로 귀양 갔다가, 이듬해 특사로 풀려났다. 1864년(고종 1) 정언(正言) 때 시국의 그릇됨을 상소하고 물러난 뒤로는 벼슬에 마음을 두지 않았다. 1864년 정언·장령, 이듬해 부수찬, 1866년 부교리·좌부승지·동부승지, 1879년 병조참의, 1891년 부승지 등에 제수되었으나 모두 사양한 것도 그 때문이다. 1902년에는 종2품인 종정원경이 주어졌으나 나아가지 않았다.

벼슬에 물러나 숨은 듯 살아가던 그가 1905년 무서운 목소리를 냈다. 외교권을 빼앗겼다는 소식에 상소를 올린 것이다. 조약에 반대하면서, 거기에 나섰던 다섯 도적을 극형으로 처단하라고 요구하는 내용을 담았다. 하지만 흐르는 물길을 되

이면주 묘소(위), 이면주 생가(아래)

돌릴 수는 없었다. 이에 울분 속에서 가슴을 치며 살았다.

1910년 나라가 망했다. 자신은 왕족이고 관직을 지낸 사대부였다. 그는 앞으로 갈 길을 가늠해 보았다. 그런데 예안현 청구(현 안동시 예안면 청구)에서 이만도가 단식을 시작했다는 소식이 들려 왔다. 그곳은 봉화에서 가까운 곳이라 소식도 바람처럼 전해졌다. 봉화에서도 그를 방문하고 돌아온 사람도 여럿 있었으니, 방문객이 끊이질 않는다는 것과 그곳의 처연한 분위기를 모두 알 수 있었다. 10월 10일(음 9.8.) 결국 이만도가 순국했다는 소식이 전해졌다. 그는 마침내 마음을 정했다. 그런데 이번에는 하계마을에서 이중언이 단식에 들어갔다는 사실도 알게 되었다. 이에 이면주는 단식보다는 독을 마시고 세상을 떠나는 방법을 생각했다. 그것을 실행한 날이 바로 10월 19일(음 9.17.)이다.[2] 그의 나이 만 83세였다. 그의 순국은 그 무렵 안동문화권의 정서를 말해준다. 1962년 우리 정부는 그에게 건국훈장 독립장을 수여했다.

2) 김도현

김도현(金道鉉, 1852~1914)은 영양군 청기면 상청리 출신으로 의병장으로 유명하다. 본관은 김녕(金寧), 자는 명옥(鳴玉), 호는 벽산(碧山), 그리고 도현(燾鉉)이라는 별명도 썼다. 부친은 김성하(金性河), 모친은 한양 조씨이다.

1895년 11월 15일 단발령이 내리자, 그는 바로 통문을 돌려 사람을 모았다. 그리고 류시연(柳時淵)과 더불어 청량산에서 의병을 일으켰다. 봉화와 영주에서 관아의 무기를 접수하여 무장을 갖추었다. 안동도호부를 찾아 안동의진을 방문

김도현 생가(위), 검산성(아래). 영양군 청기면 상청리에 있다.

하고, 뒤이어 예안으로 가서 선성의진의 중군이 되었다. 3월 말, 그는 선성의진을 이끌고 태봉전투에 참가했으며, 돌아와 계속해서 선성의진을 이끌었다. 4월에는 강릉의병장 민용호(閔龍鎬)가 급히 사람을 보내 도와달라고 요청하자, 그는 병사를 이끌고 강릉으로 북상하여 삼척에서 전투를 벌였다. 다시 고향으로 돌아온 김도현은 집 뒤에 검산성을 쌓고 전투를 준비한 뒤, 입압(立巖)과 소청(小靑)에서 전투를 치렀다. 10월 15일 의병을 해산하였는데, 이는 전기 의병 가운데 가장 오래 버틴 기록이다.

1907년 그는 다시 의병을 일으키려 나섰다. 광무황제 고종이 의병을 일으키라는 비밀 명령을 보내왔기 때문이다. 하지만 낌새를 알아챈 일본군이 몰려오는 바람에 붙잡히고 말았다. 김도현은 안타깝고도 분한 마음으로 세월을 보냈다.

1910년 9월 스승 이만도(李晩燾)가 단식에 들어갔다는 소식이 들려왔다. 으레 그럴 것이라 짐작했지만, 막상 소식을 들으니 자신이 가야할 길이 또한 그것이라는 생각을 가지게 되었다. 이미 을사년에 자결을 마음먹었던 그가 아니던가. 그러니 스승의 순절길에 자신도 동참하겠다는 생각을 당연히 가지게 된 것이다. 스승을 찾아가 절하고 선생님 가시는 길을 따르겠노라고 말씀을 올렸다. 스승은 기가 막힌 듯 답했다. “자네는 어른이 계시지 않은가?” 그 한 마디에 김도현은 답해 올렸다. “그럼 뒤에 따라 가겠습니다.” 집에 어른이 계신데, 아들이 먼저 저 세상으로 갈 수는 없지 않은가. 그것은 엄청난 불효임에 틀림없었다.

스승을 보낸 뒤 그는 영양에 영흥학교(英興學校)를 세웠다. 더 이상 의병을 이끌고 갈 수 없는 형편이니, 사람을 기르겠다고 나선 것이다. 그러다가 1914년 음력 7월 아버지가 세상을 떠났다. 그는 그제서야 스승을 따라 갈 때가 언제인지, 날짜를 짚어 보았다. 마침내 길을 나서기로 작정했다. 12월 18일(음 11.2.) 아들 여래(礪來)에게 남긴 유시(遺詩)에서 그의 심경을 읽을 수 있다.

> 이제 죽으면 어느 곳에 죽을 건가.
> 옛 나라 땅덩이는 하나도 밟지 않은 것을
> 노중련(魯仲連)이 바다 밟아 떠난 지 수천 년 되었건만
> 명월은 오히려 빛나도다.[3]

김도현은 노중련(魯仲連)의 '도해'(蹈海) 옛 이야기를 떠올리고 있었던 것이다. 노중련은 중국 전국시대 제나라 인물로 절의가 높은 인물로 대표되어 왔다. 그는 조나라 수도 한단(邯鄲)을 방문했다가 진(秦)의 공격으로 그곳에 발이 묶여 있었다. 그런데 진의 공격에 기가 죽은 조나라 효성왕(孝成王)이 진나라 소양왕(昭襄王)을 제왕(帝王)으로 인정하여 타협하겠다는 안을 받아들이는 것을 보고, 그가 나섰다. "무도(無道)한 진나라가 천하를 차지한다면, 나는 동해로 걸어 들어가 죽을 뿐이다." 그의 절의와 지혜는 조나라로 하여금 진의 공

바다에서 바라본 영덕군 영해면 관어대 도해단. 기념비가 여럿 서있다.

격에 맞서게 만들었다. 김도현은 노중련의 절의와 결단을 생각하며, 동해를 자신이 떠날 마지막 장소라고 생각한 것이다.

그는 오랜 친구이자 의병항쟁을 도와주었던 이웃 대명동의 김병식(金秉植)을 찾았다. 김병식은 안동 내앞마을 종손인데, 바로 이웃 산골마을에 별장을 두고 숨어 살듯이 머무르고 있었다. 김도현은 김병식에게 한 수의 시로 마지막을 고했다.

> 당세의 평원군(平原君)은
>
> 어찌 노련자(魯連子)와 같았던가.
>
> 나를 알고자 할진대
>
> 동해 가에서 물어 보려무나.[4]

김도현이 바다를 밟고 들어가 장렬히 순절한 관어대 앞바다. 오늘날도 그의 절개만큼 푸른 파도가 치고 있다.

노중련이 찾아가 실마리를 푼 사람이 바로 조나라의 평원군 조승이다. 이처럼 그는 김병식에게 동해로 가서 순국하려는 자신의 뜻을 털어 놓은 것이다. 바다를 밟고 들어가 순절한다는, 바로 그 도해순국(蹈海殉國)이다.

마침내 그는 청기면 상청리의 집을 나섰다. 집을 나서기 앞서, 12월 22일(음 11.6.)에 그는 동포들에게 보내는 글을 남겼다. 〈여국내동포(與國內同胞)〉가 그것이다. 여기에서도 국권회복에 대한 강한 의지를 확인할 수 있다.

…… 십십마다 칼을 갈고 사람마다 원수를 갚으려면 마음을 합하고 힘을 모아 일제히 소리 질러 왜노(倭奴)들과 한 번 싸워야 할 것이다. …… 지난날 성취하지 못한 일을 통탄하면서 장래 광복할 것을 맹서하나니, 금년 11월 7일(양 12.23.) 동지(冬至)에는 동해에서 죽어 왜적을 기어코 멸망케 할 것이다.[5]

가파른 언덕을 넘어 영양읍에 들어섰다. 한 걸음에 읍을 지나 창수면으로 향했다. 태백산맥을 넘어야 했다. 넘기 전에 하루 밤을 묵은 뒤, 이튿날 영해로 들어섰다. 그리고 짙푸른 겨울 파도가 강한 바람에 실려 부서지는 관어대(觀魚臺) 앞바다에 도착했다. 지금 대진해수욕장 남쪽이 그곳이다. 이 날이 12월 23일(음 11.7.) 동짓날이다.

그 차가운 바람을 맞으며 동해 바다를 향해 섰다. 그는 마지막으로 다음과 같은 절명시(絕命詩)를 읊었다. 살아온 삶을 시 속에 압축시켜 보여주고 있다.

조선왕조 오백 년 끝에 태어나	我生五百末
붉은 피 온 간장에 가득 엉켰네	赤血滿腔腸
중년에 벌인 항일투쟁 19년에	中間十九載
모발만 늙어 서리 끼었는데	鬚髮老秋霜

나라가 망하니 눈물만 하염없고　　國亡淚未已
어버이 여의니 마음도 아프구나　　親歿心更傷
머나먼 바다가 보고팠는데　　萬里欲觀海
이레날이 마침 동지로구나　　七日當復陽
홀로 외롭게 서니 옛 산만 푸르고　　獨立故山碧
아무리 헤아려도 방책이 없네　　百計無一方
희고 흰 저 천 길 물 속이　　白白千丈水
내 한 몸 넉넉히 간직할 만 하여라[6]　　足吾一身藏

바다를 밟고 들어갔다. 도해(蹈海)가 그 말이다. 바다를 밟을 수 있는 까닭은 그곳에 바다로 향해 암초가 뻗어 있기 때문이었다. 그는 미끄러지면서도 꿋꿋하게 걸어 들어갔다. 절대 자신의 시신을 찾지 말라고 일러두었다. 따라온 조카는 눈물로 끄덕일 수밖에 없었다. 그리고 바다로 들어간 그는 다시 떠오르지 않았다. 이 얼마나 장렬한 최후인가!

김도현은 스승에게 다짐한 대로 그 길을 갔다. 4년만의 일이다. 무엇이 기개이고 절의인지, 그는 몸으로 보여주었다. 왜 우리가 남의 나라의 종이 될 수 없는지 그는 온 몸으로 외치고 갔다.

3) 김성진

김성진(金聲振)은 1915년에 자결한 인물이다. 자는 명옥(明玉), 호는 야옹(野翁)이다. 그는 영주군 이산면 석포에 살았고, 혜민원 주사를 지냈다. 나라를 잃게 되자, 그는 단식으로 자결하고자 마음먹었다. 며칠 음식을 먹지 않고 버텼는데, 어머니의 간곡한 설득 때문에 하는 수 없이 중단하였다. 그러다가 어머니의 상을 치른 뒤, 1915년 다시 자결을 시도하여 순국하였다. 《기려수필》에서는 그의 순국을 이렇게 적었다.

> '김성진은 임금의 특별한 은혜를 입은 일도 없고, 또 평소에 볼 만한 행동을 보인 적도 없는데, 죽지 않아도 될 처지에서 죽었으니 허망한 일이 아닌가' 라고 말하는 이가 있었다. 그런데 성진이 처음에 나라를 빼앗겼다는 소식을 듣고 통곡하며 자결하려 하였으나 어버이 때문에 뜻을 이루지 못했다가, 상복을 벗고서 조용히 죽었으니, 이는 진실로 의로운 죽음이거늘 어찌 허망하다 이를 것인가.

그렇다. 군수로부터 벼슬을 받은 사람만 순국할 리도 없고, 벼슬했다고 모두 순국할 리도 없다. 결국에는 당시 정황을 어떻게 평가하고 판단하느냐에 달려 있는 것이다. 신돌석이 임금의 은혜를 입지 않았어도 의병을 일으켜 나라를 구하는 일에 목숨을 던진 것도 마찬가지다. 김성진의 선택은 결코 허망한 일이 아닌 것이다.

---

1) 자여도는 창원도호부를 중심으로 동쪽의 김해도호부, 서쪽의 함안군, 남쪽의 웅천현, 북쪽의 칠원현에 걸쳐 있는 조선시대의 교통로이다. 낙동강 하류 남쪽 바깥을 동서로 연결하며, 그 남쪽으로는 고개를 넘어 해안선을 따라 만들어진, 남해안의 주된 길이다. 찰방은 바로 그 노선을 책임지는 직책이다.

2) 공공기관을 포함하여 많은 기록에 그의 순국 날짜를 8월 15일로 적어 놓았는데, 이는 잘못이다(〈年譜〉, 《桂隱先生文集》 卷之四).

3) 《金寧金氏世德錄》, 36쪽.

4) 《金寧金氏世德錄》, 36쪽.

5) 〈與國內同胞〉, 《金寧金氏世德錄》, 6쪽.

6) 독립운동사편찬위원회, 《독립운동사자료집》2, 1983, 728쪽.

8

광무황제 대상일에 순국한 이명우와 권씨 부인

이명우(李命羽)는 1872년 음력 1월 5일 안동군 예안면 부포동(현 예안면 부포리)에서 태어났다. 자는 명보(明甫)·성일(性一)이며, 호는 성재(誠齋)로 본관은 진성(眞城)이다. 그는 퇴계 이황의 13대손인 이정호(李廷鎬)와 고성 이씨(固城李氏) 이연(李璉; 안동시 법흥동)의 딸 사이에서 2남 2녀 중 장남으로 태어났다.[1]

그가 태어난 부포마을은 부라원 또는 부라리로 불렸다. 예안현(禮安縣)에 속한 부라원(浮羅院)이 있었기 때문이다. 한말에 예안군 동하동에 속했으나, 1914년 행정구역이 통폐합됨에 따라 청천동과 의동면의 분천동 일부를 묶어 부포동(리)이 되고, 안동군 예안면에 편입되었다. 이곳은 도산서원 남동쪽을 흐르는 낙동강 건너편이다. 안동댐이 건설되면서 부포마을은 물 속으로 잠겼지만, 그 흔적은 남아있다. 안동 시내에서 북쪽으로 8킬로미터 떨어진 와룡면 소재지에서 오른쪽 동편으로 방향을 바꿔 933번 지방도를 따라 15킬로미터 정도 가면 예안면 소재지인 정산에 이른다. 이곳에서 북쪽으로 2.3킬로미터 지점에 갈림길이 나오는데, 왼쪽을 따라 낙동강과 가지런히 북상하는 부포로와 호소골길을 6킬로미터 남짓 가면 부포마을 부근에 이른다. 부포는 바로 이곳에서 몇 개 촌으로 이루어져 있고, 기름진 논밭을 가지고 있었다. 북쪽에서 서쪽으로 굽이쳐 흐르는 낙동강을 끼고 있어서 넉넉한 마을이었다. 그래서 그런지 예부터 수향(壽鄕)이라 불릴 만큼 장수를 누리는 사람이 많았다고 전해진다.[2]

이 마을은 본래 안동 권씨(安東權氏)와 봉화 금씨(奉化琴氏)가 터를 잡고 있었다. 그러다가 퇴계 후손들이 늘어나면서 진성 이씨가 집성촌을 이루게 되었다. 부포리의 퇴계 후손들은 글을 읽고 행동을 삼가며 선비의 후예로 살았다. 그래서 문집을 남긴 이들이 많다. 비록 이명우가 세상을 떠난 뒤의 일이기는 하지만, 독립운동가들도 여럿 배출하였다. 1919년 3·1만세운동 당시 예안장터에서 만세시위를 펼치고 신간회 안동지회와 화성회 등에 이름을 날린 이운호(李雲鎬), 1926년 6·10만세운동 때 단성사 앞에서 맨 처음 독립만세를 외치고 나간 중앙고보 학생 이선호(李先鎬), 일본 유학시절 독립운동단체에 참여하고 1920년대 신간회 중앙간부로 활약한 이원혁(李源赫) 등 수많은 독립운동가를 배출한 곳이 이 마을이었다.

이명우는 어려서부터 효성이 지극하였다. 부모님이 드시지 않으면 먼저 먹지 않았고, 편찮으시면 잠시도 떠나지 않고 곁에서 정성을 다해 보살폈다. 이에 따른 한 가지 이야기가 전해진다. 그가 벼슬길을 포기하고 집에서 지내고 있던 어느 날, 도적떼가 아버지를 잡아간 일이 있었다. 이에 그는 홀로 그 소굴로 찾아가, 대신 매를 맞고 아버지를 모셔왔다는 이야기다.[3] 또한 그는 가학(家學)을 이어 받았다. 성장하면서 "소나무는 장부의 절개를 지녔고, 대나무는 군자의 기풍을 불러일으킨다(松立丈夫節 竹立君子風)"고 말하면서 일찍부터 지절(志節)을 무겁게 여겼다.[4]

열네 살 되던 1885년 그는 네 살 많은 권씨 부인을 맞았다. 물론 본래 이름이 따로 있었을 것이다. 그러나 뒷날 제적등본에 권씨 부인이라는 뜻으로 '권성'(權姓)이라 적히는 바람에 아내의 이름은 그렇게 정리되었다.

부인 권성은 1868년 음력 2월 2일 봉화군 봉화읍 유곡리 닭실마을에서 태어났다. 그러니 안동 권씨 충정공(忠定公) 권벌(權橃)의 후손임을 쉽게 헤아릴 수 있다. 권성은 권양하(權養

夏)와 풍산 김씨 김영조[金榮祖, 망와공(忘窩公), 봉화군 물야면 오록마을]의 후손인 김중태(金重泰)의 딸 사이에서 태어났다.[5] 닭실마을은 권벌이 기묘사화(1519) 이후 들어와 자리 잡으면서 집성촌을 이루었고, 지금도 그 후손들이 살아가고 있는 유명한 전통마을이다. 1895년 을미의병 당시에는 이 마을의 권세연(權世淵)이 안동의병 대장으로 활약했고, 1919년 3·1독립선언 당시 유림들이 강화회의에 독립청원서를 보낸 '파리장서'에는 권명섭(權命燮)·권상원(權相元)·권상위(權相瑋) 등이 참가했다. 이어서 1920년 중국 쑨원과 우페이푸에게 보낼 제2의 독립청원서를 지은 권상익(權相翊)도 이곳 사람이다.[6] 자신의 역사적 책무를 외면하지 않는 사람들의 마을인 셈이다.

권성은 어려서부터 순진하며, 기교를 부리거나 모가 나는 행동을 하지 않았다. 부모님을 지극 정성으로 섬겼으며, 항상 행동과 언어를 조심하여 삼가고 또 삼가는 사람이었다. 결혼한 뒤에도 시부모님 모시기는 극진했다. 제사 모시는 일과 손님맞이에도 공경과 정성을 다하였다. 권성의 이러한 품성을 말해주는 이야기가 전해진다. 남편 이명우가 진사시에 합격한 뒤 내외가 문중 잔치에 초대된 적이 있었는데, 거기에서 그녀는 줄곧 법도 있게 조용한 자세를 보였다고 한다. 참석한 사

람들이 모두 이런 부인이 없다고 칭찬할 정도였다고 한다.[7]

이명우는 1894년 식년시에 합격하고 진사가 되었다. 갑오개혁으로 과거시험이 없어졌으니, 그는 마지막 과거시험에 진사가 된 셈이다. 과거시험이 없어지고 추천으로 관리를 뽑는 시절이 되었지만, 그는 아예 그 쪽을 생각하지도 않았다. 고향에서 부모님을 모시고 살기로 작정한 것이다. 그런데 이듬해에 온 나라를 들쑤셔놓는 사건이 발생했다. 다름 아닌 국모시해사건이 그것이다. 그는 산에 올라 북쪽을 향해 곡하였다.

> 북쪽을 바라보니 장안(長安)이 어디인가.
>
> 청산에서 날이 저물도록 곡하며 배회하네.

이명우는 나랏일을 염려하고 애통해 하면서 지냈다. 그러나 빛이 보이지 않았고 들리는 것은 더욱 나쁜 소문뿐이었다. 10년이란 세월이 그렇게 흘렀고, 마침내 1905년에는 외교권을 빼앗기는 사건이 터졌다. 일제의 강압으로 박제순-하야시 강제합의(을사늑약)가 이루어진 것이다. 그는 문을 닫고 세상일을 잊고자 하였다. 그러다가 결국 1910년 나라가 망했다. 이명우는 이제 앞으로 가야 할 길을 가늠해 보았다. 동쪽으로 산 하나를 넘어 청구동에서는 향산 이만도가 단식에 들

이명우 부부가 계룡산 자락에서 은거하다 순국한 곳.

어갔다는 소식이 들렸고, 그가 24일 만에 순국했다는 것도 알게 되었다. 뒤를 이어 북쪽 강 건너 하계마을에서도 동은 이중언이 단식에 들어가고, 결국 27일 만에 순국했다는 소식이 거듭 들려왔다. 아마 그 자신도 같은 진성 이씨 집안사람으로서 두 분에게 인사드리러 갔을 것이라 생각된다. 이만도나 이중언의 단식 과정에 인사드리러 방문한 사람이 백 명이 넘는 날이 허다했다는 사실을 보면, 그도 그러한 대열에 서 있었으리라 추정하는 것은 무리가 아니다.

하지만 그는 이들처럼 순국의 길을 갈 수도 없었다. 자신에게는 부모가 살아계셨던 터였다. 이러지도 저러지도 못하는 사이에, 그의 근심과 분노는 끝을 모를 지경이 되어 마침내 건강이 심각해졌다. 이를 안타깝게 여기던 아내 권씨 부인이 이명우에게 "상황(上皇, 광무황제-필자 주)은 아직 무양하시고 양친이 살아계시는데 병에 시달려서야…… 과연 이래서 될 일입니까?"라고 말하였다. 이에 이명우는 깊이 생각하다가, 생각을 고쳐먹었다. 광무황제 고종이 살아있고, 부모님도 계신다. 비록 순절한다고 속으로 뜻을 세웠지만, 때가 아니라는 고민 끝에 결론을 내렸다. 뒷날을 기다리기로 작정한 것이다.

1912년 봄 이명우는 온 가족을 데리고 속리산 아래 갈평리(현재 충북 보은군 마로면 갈평리)로 이사하였다. 고령에 접어든 부모님을 모시고, 그는 세상을 등지는 마음으루 고향을 떠났다. 짐작이나 했는지 모르지만, 옮겨간 지 3년 만인 1915년 부친이 세상을 떠났다. 3년상을 마친 뒤, 그는 아버지께서 남긴 뜻에 따라 계룡산 남동쪽으로 다시 옮겨 갔다. 그곳은 봉황이 머문다는 봉서리(鳳棲里)였다. 지금의 대전광역시 유성구 송정동이 그곳이다. 이사하고 얼마 지나지 않아 어머니마저 돌아가셨다. 1918년 11월 5일(음 10.2.)의 일이다. 그리고 두 달 보름 지난 1919년 1월 21일(음 1918.12.20.), 광무황제 고종이 승하하였다. 모두가 한꺼번에 진행되는 느낌이었다. 부친상을 마친 뒤 얼마 되지 않아 모친상을 치르고, 그리고 다시 들려온 황제의 최후 소식까지, 이제 어디를 돌아볼 곳도 없었다. 그는 머리를 풀고 미음을 먹으며 상을 치렀다. 그러면서 아침저녁으로 황제가 있는 곳을 향해 망곡(望哭)하며 지냈다.[8]

집에는 모친의 빈소를 두고, 집 뒤에는 황제를 모시는 단을 마련해 3년상을 치르며 아침저녁으로 곡하고 제를 올렸다. 순절하면서 남긴 비통사(悲痛辭)에 "상황(上皇)의 황담(皇坍, 제단)과 어머니의 빈소를 모시고, 아침저녁으로 통곡하네"라는 장면은 이를 두고 말하는 것이다. 모친에게는 효도를, 황제에게는 충성과 의리를 지키는 길이었다.

모친의 3년상을 마치고 곧 뒤를 이어 광무황제 고종의 대상(大喪)을 마치는 날이 다가왔다. 고종이 운명하던 날이 음력으로 1918년 12월 20일이니, 대상을 마치는 날은 바로 1920년 12월 20일이고, 양력으로는 1921년 1월 28일이었다. 이 날을 기다리며 이명우는 다짐하고 있었다. 이제 자신의 운명을 결정하는 날이 눈앞에 다가온 것이다. 사실 1910년 나라가 망하던 날, 이웃에서 집안 어른인 이만도와 이중언의 순절 소식을 들을 때부터, 그는 이미 다짐하고 다짐했었다. 그 사실을 아내와 두고두고 이야기 나누어왔다.

아내 권씨도 진작부터 남편의 뜻을 헤아리고 있었다. 1910년 이웃에서 단식순절하는 어른들의 소식을 들으면서 남편이 고민에 고민을 거듭하고 몸이 쇠약해지는 모습을 보았고, 그 속뜻을 알고서는 황제와 부모님의 생존 사실을 내세워 결단을 뒤로 미루도록 만들었던 것이다. 그런데 그렇게 내세웠던 이유가 이제는 모두 사라졌다. 남편을 붙잡을 이유도 명분도 없었다. 그렇다면 자신도 길을 선택할 때가 온 것이다. 부부는 서로 뜻을 밝혔다. 함께 떠나자고. 남편은 충을 따르고, 아내는 그 남편을 따르는 길이었다. 뜨거운 눈물을 흘리면서 부부는 손을 잡았다. 날짜와 방법을 찾았다. 황제의 대상을 마치는 날을 바로 그 날로 정했고 함께 약을 먹기로 방법도 정했다. 다만 아이들에게는 미리 알리지 않기로 작정했다.

그 날이 왔다. 12월 19일 밤, 그러니 양력으로 1921년 1월 27일 밤이다. 부부는 그 날 저녁 동희(東熙, 29세)·동묵(東默, 25세)·동섭(東燮, 13세) 삼형제를 불러 앉혔다. "오늘 저녁 황제의 제단에 올릴 유고문을 지으려 하니 두어 시간 조용히 있도록 하고, 너희들은 물러가 다른 곳에 가서 자도록 하여라" 하고 일렀다. 자식들이 다 물러가자, 부부는 독약을 마시고 조용히 눈을 감았다. 날이 밝아오는데, 아무런 인기척이 없어 자식들이 방을 바라보니, 촛불이 그냥 켜져 있는 게 아닌가. 이상한 생각이 들어 방문을 열어보니, 부모님은 이미 고인이 되었고, 머리맡에는 약사발이 놓여 있었다.[9] 그 곁에는 마시막 길을 떠나면서 남긴 여러 글들이 정리되어 있었다. 〈비통사(悲痛辭)〉와 〈경고(警告)〉, 〈분사(憤辭)〉 그리고 〈유계(遺戒)〉였다. 〈비통사(悲痛辭)〉에는 마지막 가는 통절한 심정이 담겨있었다. 요약하면 이런 내용이다. "나라가 망하고 부모님도 돌아가시니 어디로 가야하나. 신하는 신하답고 아들은 아들답게, 불충불효면 어찌 신하요 자식일까. 이 몸 죽어 상황(上皇)을 모시려 하니 이밖에 또 무엇 구하랴." '충의(忠義)의 길'을 가려는 그의 다짐이 그대로 느껴진다.

또 그는 세 아들에게 주는 가르침을 〈유계(遺戒)〉로 남겼다.

> 이르노라 세 아들아 나의 말 들어보라
> 성(誠)과 경(敬)을 위주로, 효우(孝友)를 근본으로 삼아라
> 천성심학(天聖心學)은 만세(萬世)의 연원이라
> 지나치지도 말고 잊지도 말라 내 자손을 보전하라

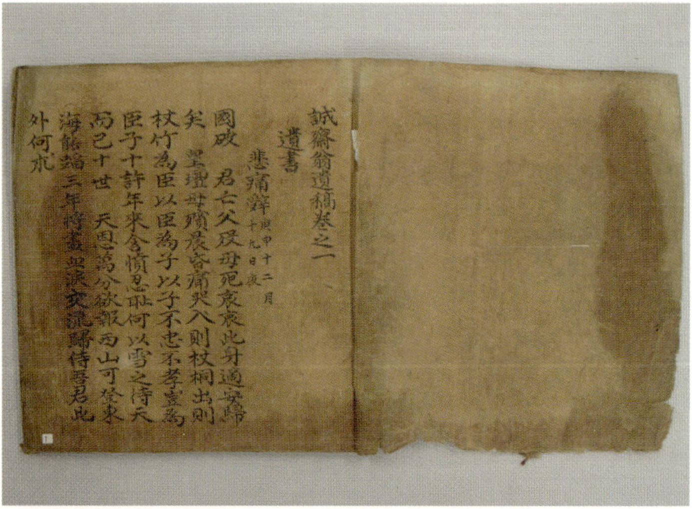

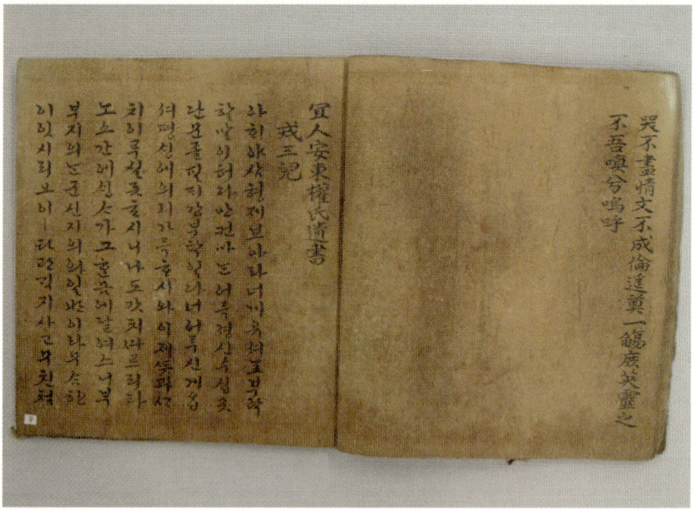

이명우의 글(위), 권씨부인 유서(아래)

제가(齊家)의 도리는 근검(勤儉)과 무실(務實)이라
농사에나 독서에나 어느 하나도 소홀하지 말라
득(得)을 보면 의(義)를 생각하고 궁(窮)함을 보면 반드시 도와라
뜻을 세움에 넓고 크게, 일에 임해서는 삼가고 꼼꼼해라
맹자는 욕심을 적게 하라 주공은 편할 때 조심하라 일렀거늘
사람의 뜻과 일에서 착한 것은 이어가며 저술하라

권씨 부인도 한글로 쓴 다섯 편의 유언을 남겼다. 아들 삼형제에게 남긴 〈계삼아(戒三兒)〉, 친정 동생에게 보내는 〈기친가제(寄親家弟)〉, 시숙부에게 올리는 〈상시숙부(上媤叔父)〉, 시동생에게 주는 〈상시숙(上媤叔)〉, 그리고 두 며느리에게 주는 〈두 며느리 보아라〉로 시작되는 글이다. 아들들과 두 며느리에게 보내는 유서에는 '충의의 길'을 따르는 남편을 따라 가겠다는 간곡함이 담겨 있다. 첫 머리를 보면 이렇다.

아해야 삼형제 보아라. 네게 유서로 부탁할 말이 허다 많건마는 어둑 정신 수습 못(하여), 단문 졸필(이나) 대강 부탁일다(한다). 너 어르신께옵서 평생에 의리 가득 하시와 이제 뜻과 같이 이루실 듯 하시니 나도 같이 따르리라. 노소간에 생사가 그 한 몸에 달렸으니 부부지의는 군신지의와 일반이

라, 무슨 한이 있으리오. 이 타관객지 사고무친척 뉘라 살뜰한 바이 없고 아득 막막할 듯 하여도 이녁 인심 후덕하면 자연 유공케 할 이 있으리라. ……

세 아들에게 눈물로 쓴 글이다. 임금과 신하 사이에 의리가 있듯이 부부 사이에도 의리가 있으니 자신은 '의부(義婦)의 길'을 가겠다는 것이다.

두 며느리에게 주는 〈두 며느리 보아라〉는 애처롭기도 하다.

아해야 너희들을 슬하에 두어 주옥 같이 여겨 사랑한 마음 비할 데 없더니, 장래 재미를 보지 못하고 이제 천고영결되니 너의 어린 생각에 원통할 듯 하나 인륜대의에 어찌하리오.

가군은 여자에게 하늘이오, 여자는 가군에게 매인 몸이라, 너의 시부께옵서 충의지키사 목숨을 다하시니 내 어찌 좇지 아니 하리오. 인륜대의에 소소 사정을 다 생각지 못한다.

아해들아 부모님 없다고 너무 서러워 말고 각별 정신 차려 조심조심 하여라. 세전지물은 아무것도 물려주지 못하였으나 알뜰히 간수하고, 봉제사 접빈객은 있는 대로 지성으로 받들고, 동기우애 지극하게 하여 서로 참을 인자 백을 생각하면 집안이 내내 화평하리라.

동섭(東燮) 삼숙질 부디 잘 거두어 성취를 잘 하게 하여라. 한날 같이 내내 잘 거두우면 외인 칭찬할 뿐 아니라 구천에 돌아간 혼신이라도 오죽 즐겨하랴. 부디 범백사를 조심조심 하여라.

살림 구차한 것은 우선 고생이지만 재물이란 것은 천지간 뜬구름과 한 가지라 있나가노 없어지고 없다가도 있나니, 너무 심려 말고 수분수덕하오면 자연 천신이 감동하시나니 조금도 염려 말고 가도 화평케 하여 장래에 문호를 빛나게 하면 나의 소원일다. 어둑 정신 수습지 못(하여), 대강 적으니 명심하여 보아라.

경신 납월 십구일 시모 유서

이 집에 며느리로 들어와 집안을 지탱해 왔던 권씨 부인이었다. 이제 다시 자신의 며느리에게 집안을 맡기면서 간절히 당부한 것이다. 막내아들에 대한 걱정도 함께 담았다. 어렵더라도 참고 도와가며 살아가라고 당부하며, 재물은 마치 뜬 구름 같은 것이니, 너무 마음 쓰지 말고 분수를 지키며 살아가라고 거듭 일렀다. 그러노라면 천지신명이 감동할 터, 힘써 화평하게 지내고 장래 집안을 빛나게 만들라고 재차 부탁했다.

그리고 시숙부[이연호(李延鎬)]에게 올리는 편지에는 남편을 따라가며 자식들을 염려하는 어머니의 마음이 담겨 있다. 왜 그렇지 않을까. 겨우 열세 살인 막내 동섭은 결혼도 하지 않은 어린 자식이었다. 이를 두고 떠나가는 어머니의 심정을 무어라 표현할 수 있을까. 충의를 택한 남편을 따르기로 작정한 것이지만, 남은 자식 걱정에 시숙부에게 뒷날을 부탁한 것이다.

이명우·권성 부부의 순국 소식은 고향뿐만 아니라 호서지역에도 널리 알려졌다. 장례에 참석한 사람이 1천 명이 넘을 정도였다. 고향 사람도 아니지만, 호서유림들이 충절을 기리고자 대거 장례에 참가한 것이다. 부부는 충남 논산에 묻혔다가, 1980년대 군부대가 들어서는 바람에 경북 칠곡군 지천면 백운리 청구공원으로 옮겨졌다. 정부는 2010년 3·1절을 맞아 이명우에게 건국훈장 애국장을 추서했다.

어느 세상에 이처럼 부부가 나라를 위해, 또 남편의 뜻을 존중하여 한날한시에 죽음을 택했을까. 두 사람은 충의와 절의가 남다른 모습을 보여주었다. 높은 벼슬에 있으면서 나라가 무너져도 자리와 부귀만 챙기는 무리들이 그 얼마나 많았던 세월이었나. 나라가 무너질 때 다투어 일제에게 잘 보이려고 혼을 팔았던 무리들이 또 얼마나 많았던가. 그러나 겨우 진사 신분에 지나지 않았지만, 이명우는 충의를 무겁게 여겼다. 무엇이 옳은 것인지 생각했다. 이익과 득됨을 탐하지 않고, 오로지 무엇이 옳은 것인지 묻고 또 물었다. 그리고 자신이 갈 길을 택하였으며 거기에 아내도 따랐다. 그래서 민족의 자존심이 살아 있을 수 있던 것이다. 그 높고 고귀하다고 요란 떨던 무리들이 뭉개버린 자존심을 산촌에 묻혀 살던 한 선비와 그의 부인이 지켜나간 것이다.

---

1) 《진보이씨상계파세보》 上, 163쪽; 고성이씨세보편수위원회, 《고성이씨세보》 권5, 2001, 792쪽.

2) 안동민속박물관, 《안동의 지명유래》, 2002 참조.

3) 權相翊, 〈成均進士李君行狀〉, 《省齋續集》 卷9.

4) 權相翊, 〈成均進士李君行狀〉, 《省齋續集》 卷9.

5) 權相翊, 〈成均進士李君行狀〉, 《省齋續集》 卷9.; 權隆, 《안동권씨 충정공파보》 卷地, 2008, 1409쪽; 풍산김씨중앙종친회, 《풍산김씨세보》 중권, 1990, 55쪽.

6) 봉화문화원, 《봉화문화》 제3호(통권 5집), 1995, 101~104쪽; 김희곤 외, 《봉화의 독립운동사》, 봉화군, 2007 참조.

7) 權相翊, 〈烈婦權宜人行錄〉, 《省齋續集》 卷9.

8) 權相翊, 〈成均進士李君行狀〉, 《省齋續集》 卷9.

9) 權相翊, 〈成均進士李君行狀〉, 《省齋續集》 卷9.

9

그들의 길, 그들의 뜻

안동문화권에서 잇따라 펼쳐진 순절은 장렬했다. 일제 통치가 막다른 길로 치닫던 1940년에 창씨개명에 반대하여 순절한 이현구(李賢求)도 길게 보면 이 행렬의 마지막 인물에 해당한다. 사실 창씨개명에 반대하여 단식순절한 인물은 드물다. 이현구는 안동시 예안면 동부리 교동마을 출신이다. 퇴계의 14세손으로, 자는 희겸(希謙), 호는 혜인(兮人)이다. 나라를 잃자, 그는 패랭이를 쓰고 남루한 옷을 입은 채 산촌을 옮겨 다니며 살았다. 이현구는 1934년 영주시 안정면에 있는 생고개[生峴]에 자리를 정하고 고사리를 씹으며 만년을 보냈다. 일찍이 1498년(연산군 4) 무오사화가 일어났을 때 김종직의 제자들이 숨어 지내던 곳이니, 그가 이곳을 택한 이유도 거기에 있는 것 같다. 이현구는 1940년 일제가 창씨개명을 요구하는 것에 분개하여 마지막 길을 택했다. '성명(姓名)도 없는 세상 살아 무엇하랴'는 말을 던지고 단식에 들어간 지 36일 만에 세상을 떠났다. 그 날이 8월 6일이다. 1910년대와 20년대에 벌어진 안동 선비들의 순국행렬이 20년이 지난 1940년에 다시 나타난 것이다. 길게 이어지던 섬들이 끝나고서 한참 건너 뛰어 저만치 다시 솟아오른 섬처럼, 그는 '의리'를 선명하게 드러내 보였다. 정부는 그의 공을 기려 1995년 건국훈장 애족장을 추서하였다.

안동 유림들의 자정 순국!

참으로 장렬하다. 전국에서 가장 많은 순국자가 안동에서 나왔다. 군왕에 대한 의리를 지키고자 하는 자세가 분명했다. 척사유림(斥邪儒林)의 정신이 그대로 순절로 이어졌다. 순국방법으로는 단식이 가장 많아 반에 가깝다. 김순흠·이만도·이중언·류도발·이현섭·김택진이 그들이다. 자결이라는 자체가 극단적인 저항인데다, 더욱이 단식자결은 주변에 대단한 영향을 주었다. 우선 이들이 단식에 들어갔다고 하더라도 자식된 도리로서 음식을 권하지 않을 수 없고, 또 어른이 단식하고 있기는 해도 자손들은 음식을 먹어가며 순절하기까지 기다려야 하는 고통스런 날들이 진행된 것이다. 후손들이 음식을 먹는다 해도 그것이 제대로 입으로 들어갈 리 없었고, 목구멍으로 넘기기도 힘들었을 것이다. 며느리가 애원할 때, 한 입 먹는 시늉이라도 했던 이유는 뒷날 자손의 가슴에 남을 한을 풀어주려는 배려였다.

대부분의 인사가 약 21일에서 24일, 즉 3주 동안 단식하고 절명하였다. 그 동안 멀고 가까운 친인척과 동학, 제자들이 찾아와 대기하거나 영원한 이별인사를 나누는 상황이 진행되었다. 또 그 소식이 전해지면서 실제로 파급현상이 나타나기도 했다. 그러므로 일제는 그 영향을 우려하여 순절 뒤에 부고를 전하지도 못하게 했던 것이다.

약으로 순절한 인물은 류신영·이명우·권성(권씨 부인)이다. 여기에는 봉화의 이면주도 속한다. 몸을 부딪쳐 자결한 인물은 권용하다. 영양 출신 김도현은 바다로 들어가 순절하는 장렬한 모습을 보였다. 그가 바다로 향해갈 때, 따라온 사람들은 어떤 심정이었을까? 떠나는 사람도 지켜보는 사람도 절박하지 않을 수 없다. 찬 바람과 부서지는 파도, 푸른 바다를 바라보면서, 모두들 눈물과 한숨뿐이었으리라.

순절자들은 모두 간소한 장례를 요구했다. 옻을 칠한 좋은 관을 쓰지 말라거나, '선생'과 '순국'이란 말을 사용하지 말라고 신신당부했다. 스스로 자신을 낮추는 겸허한 선비정신을 헤아릴 수 있는 장면이다. 불리는 호칭을 갖고 얼굴 붉히는 요즘 세상에 견주어 보면, 그들이 참된 선비였음은 더욱 또렷하게 드러난다.

순절한 사람들은 서로 특별한 관계를 가졌다. 이만도와 이중언은 옆집에 살던 이웃이자 아저씨와 조카 사이였고, 류도발과 류신영은 아버지와 아들 사이였다. 영양의 김도현은 이만도의 제자였고, 스승 앞에서 곧 뒤를 따라 가겠다고 다짐했던 인물이었다. 이명우와 권씨 부인은 부부였다. 부부가 같은 날 같은 곳에서 함께 순국한 사례를 또 어디에서 찾아보랴.

이들의 삶과 죽음, 그것은 일제의 식민통치 기반을 흔들고 겨레에게 깨어나라고 일깨우는 외침이었으며, 항일투쟁을 이어나가게 만드는 힘이었다. 그런 점에서 이들의 선택이 가지는 민족사적 의의는 크고도 깊다.

인명 찾아보기

ㄱ

ㅁ

ㅂ

ㅅ

ㅇ